톰 웨이츠

고독을 탐닉한 목소리

차 례
Contents

뮤지션들의 뮤지션

싱어송라이터의 스승

"톰 웨이츠의 음악을 모른다면, 당신은 인생에서 많은 부분을 잃고 사는 것이다."

영화감독 짐 자무시는 톰 웨이츠에 대해 주저 없이 말했다. 사실 톰 웨이츠는 그리 대중적인 인물은 아니다. 그러나 그는 '뮤지션들의 뮤지션' '싱어송라이터의 스승'이라 불리면서 전 세계 음악인과 마니아들에게 살아 있는 전설로 군림하고 있다. 한 음악비평가는 톰 웨이츠를 "현대 팝 음악사의 배후에서 막대한 영향력을 행사하는 뮤지션"이라며 팝 음악계의 거물임을 부인하지 않았다. 1974년 이글스가 처음으로 그의 곡 'OI'55'

를 커버한 것을 시작으로, 배우 스칼렛 요한슨이 그의 전곡을 커버하며 가수로 데뷔하기까지, 전 세계에서 무려 천여 명이 넘는 가수가 그의 음악을 다시 불렀으니 알려지지 않았다고 하기에 그의 음악은 너무 유명하다.

그의 활동 시기는 보통 어사일럼 시기(Asylum Years, 1973~1982), 아일랜드 시기(Island Years, 1983~1989) 그리고 안티 레코드 시기(Anti Years, 1990~)로 나뉘는데, 각각의 시기마다 음악의 특징이 확연히 구분된다. 40년이라는 관록의 음악 행로를 거치면서 그의 음악을 웨이시안 뮤직(Waitsian Music, 톰 웨이츠풍의 음악)이라고 부를 만큼, 오롯이 그만의 독특한 음악 세계를 구축해 온 것이다.

1970년대 초기에는 톰 웨이츠 스스로가 밥 딜런의 추종자임을 자처했듯이, 포크의 영향력 아래 컨트리, 블루스, 록, 재즈 등 미국의 음악 양식을 두루 섭렵했다. 또한 잭 케루악, 윌리엄 버로스, 찰스 부코우스키와 같은 비트 작가들의 작품을 탐닉하고 그것을 자양분 삼아 음악에 녹여 냄으로써 가사를 문학적 차원으로 끌어올렸다는 평가를 받았다. 1980년 이후부터는 '사운드의 연금술사'로 불리며 다양한 음악적 실험을 통해 그만의 스타일을 완성해 나갔으며, 1990년대로 넘어오면서 음악과 뮤지컬, 영화 등 다양한 장르를 아우르며, 음악 역량을 극대화하기에 이르렀다.

폭죽 같은 목소리

톰 웨이츠 하면 빼놓을 수 없는 것이 목소리다. 톰 웨이츠의 지글지글 끓는 특유의 목소리를 두고 혹자는 "잔뜩 술에 절어 몇 달 동안 훈제실에 매달아 놓은 듯하다."라고 말한다. 포크록 싱어송라이터 케이티 턴스털은 "그의 목소리만 듣고 백인이라고 생각한 적이 한 번도 없다."라고 했으니, 이는 비단 그녀의 생각만은 아닐 것이다. 음악 웹사이트 스피너닷컴이 페이스북과 트위터 이용자를 대상으로 '가장 독특한 목소리 베스트 13'을 설문한 결과에서는, 뷔욕, 닉 케이브, 스크리밍 제이 호킨스, 슬레이어의 톰 아라야를 제치고, 블루스 가수 하울린 울프에 이어 톰 웨이츠가 2위에 등극하는 영예(?)를 안기도 했다.

정작 톰 웨이츠는 아직도 자신이 목소리 하나로 평가를 받는 것에 대해 못마땅하다. 한번은 어린아이가 팬레터에 그의 목소리를 폭죽과 같다고 표현한 적이 있었는데 그는 당장에 "바로 그거야! 내 노래 들어 줘서 고마워."라고 답장을 보냈다. 독특한 목소리 덕에 여러 기업에서 그의 목소리를 성대모사하여 광고로 내보내기도 했다. 그러나 저작권에 민감했던 톰 웨이츠는 리바이스, 프리토레이, 아우디, 오펠 등 그의 목소리를 무단으로 도용한 기업에 소송을 걸어 거액의 배상금을 받아 내면서 저작권법의 새로운 판례를 만들었다. 자신의 초기 앨범들에 대한 저작권 행세를 전혀 할 수 없었던 것이 그가 저작권에 민감한 이유다. 데뷔 당시 그를 발굴했던 허브 코헨과 이른바

'불평등 계약'을 체결하면서 그의 초기 앨범 7장에 대한 저작권을 모두 허브 코헨에게 빼앗겼기 때문이다.

1980년대에 톰 웨이츠는 허브 코헨과 결별을 선언한 뒤 급격한 진폭의 음악적 변모를 겪는다. 그 중심에는 부인 캐서린 브레넌이 있다. 브레넌은 톰 웨이츠의 장점을 찾아내고 창작열을 자극하는 조력자 이상으로, 웨이츠의 잠재된 음악 역량을 분출시킨 인물이다. 톰 웨이츠 역시 그녀를 4B, 즉 아름답고(Beauty), 총명하고(Brightness), 용감하며(Bravery), 똑똑한(Brain) 여성이라면서, 아내가 자신의 진정한 창작의 힘이자 원천이라고 말한다. 프랜시스 포드 코폴라가 운영하는 조이트로프 스튜디오의 시나리오 작가였던 그녀는 앨범 〈스워드피시트럼본(Swordfishtrumbone)〉에서부터 본격적으로 공동 작사와 공동 프로듀싱 작업을 시작했다. 이 앨범을 기점으로 톰 웨이츠 이전과 톰 웨이츠 이후로 나눈다고 해도 과언은 아니다.

끊임없는 실험

이 시기의 가장 큰 변화는 단연 불협화음과 불규칙적인 박자, 그리고 다양한 악기의 실험이었다. 음을 깎아 내거나 다듬기보다 원초적이고 정제되지 않은 소리를 그대로 '방출'하는 것이 특징이다. 깡통을 이용해 바람소리 효과를 내거나, 베이스드럼 위에 쌀을 흘리거나, 자신의 목소리를 샘플링하여 퍼커션으로 차용하고, 수탉이 우는 소리를 녹취해 효과음으로 쓰는 것은 그의 소리에 대한 실험정신을 반증하는 예다. 그는 "아내의 노랫소리, 배고픈 까마귀의 울음소리, 손수레의 벨소리, 트랜지스터라디오로 듣는 야구 경기 소리, 하교하는 아이들이 재잘거리는 소리처럼 세상은 아름다운 음악 소리로 가득하다."라고 말한다. 그가 세상의 모든 소리를 음악에 담으려는 이유는 여기에 있다. 이러한 음악적 변화로 그의 음악을 아방가르드의 범주에 넣기도 하지만, 정작 톰 웨이츠는 자신의 음악을 어느 하나로 분류하는 것을 달가워하지 않는다. 1992년 그래미상 베스트 얼터너티브 뮤직 앨범 상을 받았을 때, "웬 얼어 죽을 얼터너티브?"냐며 불편한 심기를 드러낸 이력이 있다.

그의 음악에는 소설 같은 스토리텔링과 시적인 언어가 공존하며, 애수 어린 감성을 품고 있으면서도, 면도날처럼 날카로운 위트와 해학, 풍자와 독설이 넘친다. 또한 사회에서 소외된 계층의 이야기나 가족, 이방인의 노래는 그의 내면 깊숙이 침잠해 있는 빼놓을 수 없는 정서다. 전위예술가이자 가수인 로리 앤더슨이 "그의 음악에서 루저(loser)는 영웅이며 로맨티스트다."라고 말한 것을 봐도 그의 시선이 어디에 가 닿아 있는지 짐작할 수 있다. 한편, 전장에서 그리운 가족에게 편지를 보내는 젊은 병사의 노래 '데이 애프터 투모로우(Day after Tomorrow)'나 18세 팔레스타인 소년의 자살 폭탄 테러를 소재로 한 '로드 투 피스(Road to Peace)' 등을 통해 정치(정부)에 대한 환멸과 반전 메시지를 담은 노래를 발표하면서 사회문제에도 적극적인 관심을 보이고 있다.

가수를 넘어 작곡가로

톰 웨이츠는 싱어송라이터이지만, 정력적인 뮤지컬·영화음
악 작곡가이자 배우다. 실베스터 스텔론이 감독한 영화 〈파라
다이스 앨리〉를 시작으로, 프랜시스 포드 코폴라의 〈원 프롬
더 하트〉〈아웃사이더〉, 짐 자무시의 〈다운 바이 로〉〈커피와
담배〉, 테리 길리엄의 〈파르나서스 박사의 상상극장〉 등 지금까
지 약 30여 편의 영화와 70여 편의 영화음악 작업에 참여했다.

무엇보다 극연출가 로버트 윌슨과의 만남은 뮤지컬이라는
또 다른 모험을 감행하게 했다. 〈블랙 라이더(Black Rider)〉〈앨
리스(Alice)〉〈보이체크(Woyzeck)〉는 톰 웨이츠의 '뮤지컬 삼부
작'으로 불린다. 로버트 윌슨의 표현주의적이고 전위적인 색채
와 톰 웨이츠(와 브레넌)의 실험적 감수성이 만나면서 독특한 분
위기의 '스트리트 오페라'가 탄생한 것이다. 이 시너지 효과를
통해 톰 웨이츠의 음악적 역량은 절정에 이른다.

뮤지컬과 영화로 바빴던 톰 웨이츠는 〈블랙 라이더〉 이후
7년 만인 1999년 〈뮬 베리에이션(Mule Variations)〉을 발표하면
서 100만 장의 판매고를 기록한다. 아일랜드 레코드와 결별 후
안티 레코드와의 첫 작품이었던 이 앨범으로, 펑크록 독립 음
반 레이블이었던 안티 레코드를 일약 메이저 레이블 반열에 올
려놓았다.

한편 데뷔 앨범 〈클로징 타임(Closing Time)〉에서 기타와 피
아노 단 두 대의 악기로 시작했던 그의 음악은 〈스워드피시트

럼본〉에서 무려 34개가 넘는 악기를 사용했고, 2002년 발표한 〈리얼 곤(Real Gone)〉에서는 오히려 그의 가장 충실한 악기였던 피아노를 배제하기에 이른다. 악기에 대한 편력과 새로운 소리에 대한 열정은, 호텔 방에서 우연히 들은 서랍 소리도 놓치지 않고 리듬으로 쓸 만큼 차고 넘쳤다.

2006년에는 미국 음악 잡지 「페이스트」에서 '현존하는 가장 위대한 작곡가 100명'을 설문조사했다. 이 조사에서 톰 웨이츠는 밥 딜런, 닐 영, 브루스 스프링스틴 다음으로 4위에 이름을 올렸다. 또한 2010년, 엘비스 프레슬리, 비틀스, 레이 찰스, 레드 제플린 등 로큰롤 음악사에 큰 족적을 남긴 뮤지션만이 입성하는, 록스타들의 꿈의 전당인 로큰롤 명예의 전당 헌정 후보에 오름으로써, 그의 음악적 입지가 어디까지 와 있는지 새삼 확인할 수 있게 되었다. '웨이시안 뮤직'은 이제 확실히 하나의 범주로 자리매김하고 있다.

톰 웨이츠, 출생과 오해

알코올중독자에 골초?

메탈리카의 제임스 헷필드가 말했다. "톰 웨이츠의 노래만 있으면 술과 마약은 필요가 없지." 그의 말처럼 톰 웨이츠의 노래를 들어 본 이라면, 그가 골초에 알코올중독자, 무학에 비렁뱅이, 그리고 난봉꾼이라 해도 썩 어울린다고 생각할 것이다. 술 취한 피아노와 낯선 거리, 버번과 위스키, 담배와 창녀, 밤과 죽음에 대한 단어가 빈번히 등장하는 그의 노래들에서 표류하는 방랑자 이미지를 떠올리는 것도 무리는 아니다. 그러니 황량한 벌판에 핀 물먹은 선인장 같은 목소리에서 어찌 술에 전 인생의 밑바닥을 보지 않을 수 있을까.

그러나 그의 음악 인생 전체가 그렇다고 말할 수는 없다. 1970년대, 즉 20대 시절의 이야기라고 해야 정확하다. 그 시절 그는 담배와 위스키가 악기인 양, 인터뷰할 때나 공연할 때 생필품처럼 끼고 다녔다. 이러한 오해는 대중적으로 알려진 그의 노래 대부분이 이 시기 곡들이기 때문은 아닐까 추측할 수 있다. 톰 웨이츠 초기의 이미지가 트레이드마크로 각인되어 그의 전부가 된 것이다. 제임스 헷필드가 말한 의미도 "톰 웨이츠의 (1970년대) 노래만 있으면" 쯤이 되지 않을까.

그렇다고 해도 톰 웨이츠가 난봉꾼에 비렁뱅이였다는 기록은 없다. 단지 어린 시절 남다른 면은 있었다. 작고 깡마르고 볼품없던 아이는 몸을 자주 앞뒤로 흔드는 버릇이 있었고, 병치레를 한 뒤로는 남들이 듣지 못하는 소리를 듣기 시작했다. 이불에 손을 쓸면 사포 소리보다 더 거친 소리가 들렸고, 팔을 마구 흔들면 낚싯줄 팅기는 날카로운 소리가 들렸다. 소리에 대한 예민함은 이때부터 시작되었다. 열한 살 무렵에는 부모의 이혼으로 어머니 밑에서 자라면서 아버지의 부재를 실감했다. 그 이후 유독 '아버지'에 집착했다. 친구 집에 가면 친구들이 밖에서 공을 차고 놀 때, 프랭크 시나트라의 음악을 틀어 놓고 친구의 아버지와 보험 이야기를 나누며 어른 행세를 했다.

그 시절 톰 웨이츠는 옆집에서 흘러나온 밥 딜런의 음악을 듣고 가수의 꿈을 키웠으며, 스무 살 무렵에는 LA의 헤리티지 (Heritage)라는 커피하우스에서 도어맨 일과 공연을 병행하며 습작 과정을 거쳤다. 이 시기에 그는 미국의 고전작품들을 닥

치는 대로 읽었다. 특히 비트 문학에 경도되어 스스로 비트족 선배들을 따라 방랑을 자처했지만, 치기 어린 일탈에 불과했다. 그 후 1973년 첫 앨범 〈클로징 타임〉을 시작으로 여러 클럽을 다니며 서서히 대중에게 알려졌다. 오히려 이 시기에 싸구려 모텔을 전전하며 '방랑'의 시기를 보냈고, 이때의 경험들이 수많은 노래의 배경이 되고 소재가 되었다. 그러나 당시 음악을 꿈꾸는 젊은이들이 통과의례처럼 겪는 것과 크게 다르지는 않았다. 다만 그가 '비렁뱅이'의 아이콘이 된 것은, 그의 타고난 음악적 감수성과 원초적인 감정을 자극하는 목소리로 삶의 경험을 노래했기 때문일 것이다.

애연가에서 애처가로

조금 실망스럽지만 정확히 1980년, 서른한 살에 그는 지금의 부인 캐서린 브레넌을 만나면서 술과 담배를 끊었다. 그는 끔찍한 애처가다. 그러니 금욕 생활(?)을 한 지도 어언 30년이 넘은 셈이다. 지금은 녹차조차 마시지 않으며, 당근 주스를 갈아 마시거나, 잠들기 전 세리주 정도만 마시는 등 굉장히 절제하는 생활을 하고 있다. 본인 스스로도 더 이상 술꾼 이미지가 남아 있길 원하지 않는다고 한다.

그런 그가 2003년 짐 자무시의 영화 〈커피와 담배〉에 출연해 웃지 못할 명장면을 하나 남긴다. 여러 인물들이 카페나 술집 또는 거실에서 커피를 마시고, 담배 피우면서 잡담하는 게 전부인 옴니버스 영화에 이기 팝과 함께 등장한 것이다. 금연한 지 오래된 그가 왜 출연했을까? 아니나 다를까 톰은 이기 팝에게 말한다. "금연의 미학은, 내가 끊었기 때문에 뭔가 하나를 가지게 되었다는 거지요." 그러면서 슬쩍 이기 팝에게 테이블에 놓여 있던 담배를 한 대 권하고, 자신도 담배에 불을 붙인다. 그러고는 한마디 한다. "이건 진짜 완전히 들이마시는 건 아니에요. 당신도 끊었으니 한번 해 봐요. 후, 이제 뭔지 알겠죠? 우린 지금도 끊은 거예요."

그는 금연 후 공식적으로 담배를 한 대 피우긴 했다.

차라리 택시 뒷자리가 나을 뻔

그에 대한 또 다른 오해 중 하나는 그가 무학이었다는 것인데, 톰 웨이츠는 여러 매체를 통해 고등학교를 자퇴했다고 말해 왔다(그러나 공식적으로는 고등학교 졸업사진 자료가 있다). 그는 중·고등학교 시절, 5년 동안 샌디에이고 내셔널시티에 있는 나폴레옹 피자 집에서 아르바이트를 했고, 이곳에서의 경험은 그의 음악적 영감에 지대한 영향을 끼쳤다. '쇼어 리브(Shore Leave)'나 '더 고스트 오브 새터데이 나이트(The Ghosts of Saturday Night)' 같은 곡들이 그 시절 피자 집에서의 경험을 바탕으로 쓴 것들이다. 당시 피자 집 사장의 증언에 따르면, 그는 이미 고등학교 때부터 곡을 쓰고, 공연을 하러 다녔으며, 굉장히 총명하고 끼가 있었다고 한다. 하지만 이렇게 유명해질지는 몰랐단다.

청소년 시절 일했던 나폴레옹 피자 집은 그의 음악에 많은 영향을 끼쳤다.

무엇보다 가장 큰 오해는 만삭인 톰 웨이츠의 어머니가 병원으로 가던 중 택시 뒷좌석에서 그를 낳았다는 것이다. 물론 그는 번번이 스페인어 선생이었던 아버지가 칼 던지는 광대였다는 둥, 아내는 이빨로 총알도 잡는다는 둥 맥락 없는 말들을 공공연하게 내뱉곤 했다. 또한 종종 술에 전 목소리로 자신의 출생에 대해 이야기하길 좋아했다. "나는 병원 주차장, 택시에서 태어났어요. 이 사건은 나를 조숙하게 만들었는데요. 왜냐하면 택시비 85달러를 내기 위해 택시에서 내리자마자 일자리를 구해야 했거든요." 팬의 입장에서는 오히려 그의 말을 믿는 쪽이 더 자연스러울 것이다.

톰 웨이츠의 전기작가 제이 야콥스는 그의 '택시 출생설'에 대해 강한 의문을 제기했다. 1976년 프린스턴 대학교 콘서트에서 자신이 택시에서 태어났다고 농친 것이 정설로 굳어져 현재까지 아무런 의심 없이 '성(聖) 웨이츠의 복음'처럼 전해 내려왔다는 것이다. 실제로 당시 지역신문 「포모나 프로그레스-불러틴」 사회면에는 그달 태어난 아기들의 이름이 공지되었다. 거기에는 "톰 앨런 웨이츠(Tom Alan Waits)가 1949년 12월 9일 포모나의 파크애비뉴 병원에서 3.3킬로그램의 건강한 아이로 태어났음"을 세상에 알리고 있다. 그의 출생지쯤은 택시 뒷자리가 되어도 좋았을 뻔했다.

1980년 이전 그는 포크와 재즈, 컨트리를 기반으로 하여, 사랑과 방황, 어두운 그늘 속에서 반짝이는 위트와 따뜻함을 담아내며, 음유시인으로서 확고한 자리매김을 했다. 그러나 1980년 캐서린 브레넌을 만나면서 음악적 역량은 그의 감성을 기반으로 시너지 효과를 일으켰다. 메시지와 관심의 폭은 넓어졌으며, 실험도 멈추질 않았다. 따라서 1970년대 톰 웨이츠를 관통하는 정서와 고정관념으로 최근의 그의 음악을 감상하면 아귀가 맞지 않는 문짝처럼 삐거덕거릴지도 모른다. 그의 관심은 이미 격정의 내면에서 벗어나 환경과 정치, 사회, 전쟁과 소외된 이들에게 옮겨 가고 있기 때문이다.

비트 세대가 남긴 선물

길을 보면 떠나고 싶다

톰 웨이츠는 열여덟 살 때부터 역마의 기질이 온몸에 흘렀
다. 틈만 나면 친구 샘과 캘리포니아 주에서 애리조나 주까지
히치하이킹을 했다. 길을 가다 지치면 공동묘지 옆에 드러누워
자고 돈이 떨어지면 화물열차에 무임승차했다. 배가 고프면 낯
선 마을 교회로 들어가 음식을 얻어먹고 성가대의 찬송가를
들으며 배를 퉁퉁 쳐 댔다. 한밤중에 짙은 안개 때문에 길을 잃
은 적도 있었다. 결국 마른 강바닥을 긁어 둘이 겨우 누울 정
도의 공간을 만들고는 진창 속으로 기어들어가 거적때기를 덮
고 잠을 잤다. "아침에 일어나 보니 바로 옆에 간이식당이 있었

더라고. 안개 때문에 보이지 않았던 거야. 한달음에 달려가 미친 듯이 배를 채웠지. 그때만큼 맛있는 아침을 먹어 본 적이 없어."

20대가 되어도 그는 여전히 길 위에 있었다. 그는 술집 아르바이트생 척 E. 웨이스와 무명가수 리키 리 존스, 그리고 함께 순회공연을 다니던 베이시스트 밥 웹 같은 친구들과 어울렸다. 토요일 밤이면 앨버라도 가와 할리우드 대로를 밤새 질주했다. 그가 서른 살이 되었을 때는 지금의 아내 캐서린과 도로를 내달렸다. 물론 한 번도 가 보지 않은 낯선 길만 골라서 말이다.

> 토요일 밤에
> 오래된 차를 타고 술에 취한 사랑스런
> 그녀의 어깨를 감싼 채 길 위를 내달리네
>
> 세상에 태어났을 때는 눈이 부셨는데
> 어제 받은 돈은 오늘 다 어디로 갔나
> 토요일 밤 맥주 마시며 길 위를 내달리네
> —'하트 오브 새터데이 나이트(Heart of Saturday
> Night)' 중에서

톰 웨이츠는 수없이 많은 '길'을 노래했다. 불후의 명곡 '톰 트라우버츠 블루스(Tom Traubert's Blues)'는 말도 안 통하는 낯선 타국의 길거리를 방황하는 이방인의 풍경을 그렸고, '저지

es/portraits19761980/Chuck-we... 2010-01-18

앨범 《하트 오브 새터데이 나이트》. 톰 웨이츠는 수많은 길을 노래했다.

걸(Jersey Girl)'에서는 연인과 뉴저지 강을 가로 질러 밤새 차를 타고 달리는 한밤중의 사랑을 노래했다. 노라 존스가 다시 부른 '롱 웨이 홈(Long Way Home)'은 집으로 돌아가는 외롭고도 고단한 길을 노래한 곡이다. 그리고 '로드 투 피스'에 이르러 톰 웨이츠는 전 세계의 끊이지 않는 분쟁과 테러리즘에 대한 절망을 토로하고 평화로 가는 길 위에서 헤매는 신을 조롱하며 '길'을 은유한다.

톰 웨이츠의 진짜 아버지, 잭 케루악

무엇이 톰 웨이츠를 길 위에 서게 하는 것일까. 젊은 시절의 '방랑'과 끊임없이 변주되며 톰 웨이츠의 음악을 관통하는 '길'

의 이미지는 어디에서 온 것일까. 어쩌면 이 사람 이야기라면 자다가도 벌떡 일어나 기도를 올릴 정도로 전설처럼 떠받드는 잭 케루악의 영향은 아니었을까.

톰 웨이츠가 열여덟 살 때 히치하이킹을 감행한 이유는 '비트의 제왕'이자 '히피의 아버지'인 잭 케루악의 소설 『길 위에서(On the Road)』 때문이었다.

『길 위에서』는 젊은 소설가 샐 파라다이스와 '나사 빠진' 친구 딘 모리아티의 미 대륙 횡단기다. 소설에서 그들은 비밥재즈, 술, 여자, 동성애, 마약에 탐닉하며 뉴욕에서 캘리포니아로, 다시 캘리포니아에서 뉴욕으로, 그리고 멕시코까지 광활한 미 대륙을 종횡으로 히치하이킹하며 끓어오르는 젊은 열정과 패기를 분출한다.

케루악은 두루마리 종이처럼 타자 종이를 36미터 길이로 이어 붙여 3주 만에 이 작품을 완성했다. 타자 종이마저 하나의 길인 셈이다. 이 소설은 출간된 지 50년이 지났지만 오늘날까지 연간 10만 부 이상 팔리는 스테디셀러이며, 성경과 함께 책방에서 가장 많이 '도둑맞는' 책 중 하나다.

『길 위에서』의 책장에 '역마'라는 마법약이라도 묻혀 놓은 것일까. 잭 케루악은 이 소설 하나로 당시 미국의 젊은이들을 모두 길 밖으로 내몰았다. '비트'라는 단어를 처음 만든 그는 비트는 음악의 박자가 아니라 단지 '세상의 모든 관습에 대한 지겨움의 표현일 뿐'이라고 말했고, 젊은이들은 일제히 쌍수를 들고 뛰쳐나가 그 길로 비트닉(비트족)이 되었다. 밥 딜런이 훗날

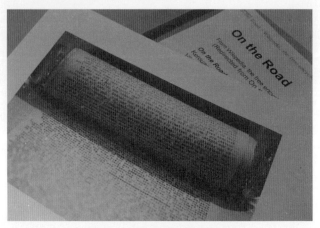
케루악이 이어 붙인 36미터 두루마리 타자 종이.
톰 웨이츠는 비트 작가들의 문학을 자양분 삼았다.

"그의 작품이 모든 걸 바꿔 놨듯이 내 삶도 바꿔 놓았다."라고
할 정도로 케루악의 영향은 막강했다. 짐 모리슨에서 커트 코베
인에 이르기까지 자유와 반항이라는 '빨간 깃발' 아래 모인 이
들은 모두 그를 추종했다. 영화 〈이지라이더〉 〈델마와 루이스〉
〈브로큰 플라워〉 같은 로드무비도 잭 케루악의 소설에서 배양
된 종자들이다. 그리고 주인공들은 스스로 분화구가 되어 자유
에 대한 열망을 뿜어낸다.

"내가 항상 말하던 게 이거야. 나는 바로 저런 사람이 되
고 싶어. 어떤 것에도 얽매이지 않고, 어디든 가고, 하고 싶은
말은 뭐든 다 내뱉고, 적당한 때를 알고, 앞뒤로 몸을 흔들
어 대는 것 외엔 아무것도 하지 않지. 알겠지, 저 녀석이야말

로 우리의 목표야!"

—『길 위에서』 중에서

길 위에서 그들은 모두 '일가친척'이 되었다. 차를 운전하다
기름이 떨어지면 여행안내소에서 목적지로 가는 여행자에게서
기름값을 받고 태워 갔다. 지나가는 트럭이나 승용차를 얻어
타는 것은 예사였다. 버스나 기차로 미 대륙을 횡단하거나 동
행한 사람과 눈이 맞아 사랑을 나누기도 했다. 1950년대 한국
은 전쟁으로 피폐했지만 미국은 그 덕에 모든 것이 풍족했다.
1959년 한 해에 미국 여자아이들이 립스틱에 쓴 돈만 20만 달
러가 넘었다.

미국은 권태로울 만큼의 안온함을 영유했지만 젊은이들은
이러한 소비지상주의에 환멸을 느꼈다. 단지 그들은 폭발할 구
실이 없을 뿐이었다. 당시 『길 위에서』의 책 광고 문구에는 이
렇게 쓰여 있다. "그들은 밤새 거친 파티를 열고, 앉아서 정열
적인 비밥재즈를 듣고, 항상 어딘가로 움직이며 마시며 사랑을
나눈다. 그 어떤 새로운 경험에도 그들은 무조건 예스다!" 그리
고 그들은 소설처럼 폭발했다.

길은 여전히 길 위에 있다

톰 웨이츠는 이 소설을 읽고 처음으로 가사를 쓰기 시작했
다. 그리고 그즈음 고등학교를 중퇴했다. 『반지의 제왕』 같은 판

타지소설에서부터 미국의 대표적인 고전소설까지 닥치는 대로 책을 탐독했다. 그러나 그 많은 책 중 『길 위에서』만큼 강렬한 인상을 남긴 작품은 없었다. "내가 케루악을 안 건 사춘기 때였는데 그가 나를 지켜 준 거나 다름없어. 나는 아버지 없이 자라서 그런지 항상 내가 생각하는 아버지의 형상을 찾아다녔거든. 그런데 그가 바로 내가 생각한 아버지의 모습이었지."

톰 웨이츠가 이 소설을 읽었을 때는 '비트 운동'의 정점을 조금 지나 그 정신을 계승한 히피 운동(flower movement)이 머리에 꽃을 꽂고 분연히 일어나던 시기였다. 질풍노도의 청소년기를 보내던 그였지만 비밥재즈 같은 리듬감 있는 문체로 광활한 미 대륙을 내달리는 두 젊은이의 열정을 흠모하기에는 충분한 나이였다. "소설이 말을 걸더군. 재즈 연주를 듣는 것처럼 글이 읽힌다는 게 도무지 믿기지 않는 거야. 소설 속에는 어떤 음악도 없었지만 그 자체가 하나의 음악이었지. 우리 집은 중산층에 속했지만 난 진짜 밖으로 뛰쳐나가고 싶었어. 그러니 내가 그를 처음 알았을 때 그를 싫어할 이유가 없었지. 그 책은 정말 내가 하고 싶은 걸 다 할 수 있게 해 줬어. 당시 미국인들은 모두 길 밖으로 뛰쳐나갔고, 차를 몰고 3,000마일을 동으로 서로 내달리기 바빴지." 1950년대 비트닉처럼 그의 모든 자유분방함과 방황에는 잭 케루악이라는 듬직한 백그라운드가 있었다.

1970년대를 지나면서 히피 운동도 점차 사그라졌지만 그의 몸속에는 비트닉의 영혼이 수호신처럼 잠들어 있었다. 그리고 잭 케루악은 시대를 넘어 오늘날까지 관습에 대한 반항과 자유의 상징이 되어 모든 젊은이들의 수호신으로 남아 있다.

잭 케루악, 그 너머의 길을 보다

잭 케루악은 톰 웨이츠의 음악 곳곳에 배어 있다. 1977년 발표한 '잭 앤드 닐(Jack & Neal)'은 『길 위에서』의 실제 주인공인 잭 케루악과 닐 캐시디가 히치하이킹을 하며 캘리포니아로 내달리는 풍경을 묘사한 곡으로 비트 세대의 오마주다. 젊은 시절 그의 친구 척 E. 웨이스와 함께 LA의 뒷골목을 밤늦도록 어슬렁거리던 것을 생각해 보면, 잭 케루악과 닐 캐시디가 히치하이킹을 하고 낯선 거리를 돌아다니며 파티를 즐기던 모습이 겹치는 것도 이상한 일은 아니다. 어쩌면 톰 웨이츠는 케루악의 그림자를 환영처럼 곁에 두고 젊은 날을 배회했는지도 모른다. 그가 케루악에 관한 일이라면 만사 제치고 찾아다니는 이유도 거기에 있지 않을까.

1999년 어느 날, 잭 케루악의 사촌은 케루악이 생전에 『길 위에서』의 내용 일부를 녹음한 육성 테이프를 공개했다. 그 테이프에는 케루악의 시낭송을 포함해 밴드의 반주에 맞춰 달콤한 미성으로 부른 재즈곡도 있었다. 그리고 읊조리듯 부른 노래 '온 더 로드'가 담겨 있었다.

이 노래는 소설 속 주인공 샐이 수천 마일을 떠돌다 워싱턴행 버스를 타던 날 부른 것으로, 케루악이 살을 붙여 만든 것이다. 케루악은 이 노래에서 오랜 방랑 때문에 더 이상 돌아갈

곳이 없다는 듯한 회한의 목소리로 절절히 노래한다.

> 오펄루서스를 지나 운디드 니를 지나
> 오갈라라를 지나지만 어디도 내 집은 없네
> 오클라호마를 지나 엘카존을 지나
> 오래된 테핫차피를 지나 샌안토니오를 지나지만
>
> 어디도 내 집은 될 수 없네
> 어디도 내 집은 없네
>
> —'온 더 로드' 중에서

    음원들은 잘 손질되어 〈잭 케루악이 읽는 『길 위에서』〉(Jack Kerouac Reads "On the Road")라는 앨범으로 발매되었고, 톰 웨이츠는 발 빠르게 앨범 작업에 참여하는 영예를 안았다. 톰 웨이츠는 케루악의 '온 더 로드'를 록그룹 프라이머스와 함께 '웨이시안' 스타일로 편곡하여 다시 불렀다. 이러한 방랑의 정서는 그의 밑바닥 정서와 맞닿아 있다.

    그가 좋아하는 또 한 명의 비트 작가 찰스 부코우스키의 시 '너바나(Nirvana)'를 보면 이들 정서를 관통하는 맥을 짐작할 수 있다. 이 시는 어느 눈 오는 날 버스에 몸을 실은 한 젊은이가 카페에 잠시 머물면서 바라본 사람들의 풍경 속에서 지친 방랑의 계절을 노래한다. 톰 웨이츠는 이 시를 육성으로 녹음하여 앨범 〈오펀즈(Orphans)〉에 수록했다.

그는 사람들 속에 섞여 카운터에 앉아 음식을 주문했다
식사와 커피는 맛이 썩 훌륭했고
웨이트리스는 그가 알고 있는 여자 같지 않게
꾸밈없고 자연스러운 유머가 있다
요리사는 재밌어하고 접시닦이는
뒤에서 웃어젖힌다
좋고
깨끗하고
쾌활한
웃음

눈 오는 창밖을 바라보는 사내는
영원히 이곳에 머물고 싶다
그를 관통하며 흐르는 이상한 기분
모든 것이 아름답고
언제나 아름답게 머물 것만 같다
버스기사는 승객을 재촉했지만
그는 생각한다
난 여기에 머무를 거야, 여기에 머무를 거야
하지만 그는 일어나 사람들을 따라 다시 버스에 오른다

톰 웨이츠의 선배들은 이처럼 집으로 돌아오지 못한 비트닉
이었다. 그들에겐 자유와 맞바꾸어야 할 것들이 너무 많았다.

그러나 톰 웨이츠가 노래하는 방랑은 어느 순간 선배들의 그것을 넘어서 한층 더 자유로운 '길' 위에 서 있었다. 그의 곡 '애니 웨어 아이 레이 마이 헤드(Anywhere I Lay My Head)'에서는 돌아오지 않아도 좋을 그 너머의 또 다른 길을 노래한다.

> 난 세상이 뒤집어지는 것도 봤고
> 내 주머니 한가득 돈도 채워 본 것 같고
> 지금은 구름, 그래 구름은 잔뜩 끼어 있고
> 바람은 차갑게 불지만……
> 난 아무도 필요 없어, 난 혼자 있는 법을 터득했거든
> 내가 머리 누인 곳 어디든 어느 곳이든
> 그곳이 바로 내 고향이니까

어느 곳에서든 낯섦은 곧 익숙함으로 바뀌게 마련이지만, 그러기까지 적응을 위한 자기 갱신은 필요한 법이다. '떠돎'의 정서는 그래서 언제나 편치 않다. 그러나 '어느 곳을 가든 내가 바로 머리를 누인 곳이 고향'이라는 관념은 방랑 그 너머를 바라보는 깊은 통찰이다. 어쩌면 고독과 절망의 바닥을 치고 올라온 다음에야 깨닫는 경지가 아니었을까. 이 노래를 발표한 1985년은 톰 웨이츠가 젊은 날의 방랑기를 청산하고 캐서린과 함께 독자적인 음악 세계를 구축해 가는 안정기였다.

비트닉으로 풍랑의 세월을 산 잭 케루악이 미 대륙을 헤매다 알코올성 간경변증으로 사망할 즈음, 톰 웨이츠는 비트 세

대가 남긴 문화적 유산을 마음껏 탐닉하고 향유하며 암흑의 1970년대를 통과하고 있었다. 젊은 날의 담금질로 더욱 깊은 성찰의 기회를 얻은 것이다.

'별들의 고향' 트루버도어 클럽

클럽 트루버도어의 전설들

　1960년대 리버풀의 무명 밴드 비틀스가 활동했던 캐번 클럽, 롤링스톤스와 야즈버드가 무명 시절을 보낸 크로대디 클럽, 존 메이올, 에릭 클랩튼 등 영국 블루스록 뮤지션들의 아지트였던 마키 클럽……. 어쩌면 록의 역사는 언제나 뒷골목의 소규모 지하 클럽에서 이루어졌는지 모른다. 그즈음 미국 웨스트 할리우드의 비버리힐즈 근처에도 트루버도어(Troubadour)라는 유명한 클럽이 있었다. 1957년 조그만 커피숍으로 문을 연 이곳은 지금까지도 신인 뮤지션에서부터 내로라하는 대형 뮤지션에 이르기까지 수많은 이들이 찾아와 공연을 하는 로큰롤의

로큰롤의 명소이자 포크록의 산실인 트루버도어 클럽.

명소이자 포크록의 산실이다. 1971년 톰 웨이츠도 이곳에서 노래를 부르다 프랭크 자파의 매니저였던 허브 코헨의 눈에 띄어 데뷔를 했다.

트루버도어에서 데뷔 공연을 한 뒤에 유명해진 뮤지션들은 꽤 많다. 그중, 1970년 엘튼 존이 동명 타이틀 〈엘튼 존(Elton John)〉 발매 기념으로 이곳에서 미국 데뷔 공연을 치른 뒤 호평을 받았고, 1년 후 발표한 싱글 '유어 송(Your Song)'이 미국 차트 8위에 오르면서 팝스타 반열에 들어선다. 같은 해 돈 헨리와 글렌 프레이라는 두 젊은이는 트루버도어 바에서 처음 만나 밤새 술잔을 기울이다 의기투합하여 이글스를 탄생시켰다. 그들의 히트곡 '새드 카페(Sad Cafe)'의 무대가 바로 트루버도어다.

역시 같은 해 10월, "흑인만큼 생생하고 인상적으로 블루스를 부른다."라는 평가를 받은 1960년대 최고의 백인 블루스 가수 재니스 조플린이 이곳에서 밤새 파티를 즐긴 다음 날, 약물 복용 과다로 스물일곱 나이에 요절하면서 유명세(?)를 치렀다. 1975년에는 마일스 데이비스가 '라이브 앳 더 트루버도어(Live at the Troubadour)' 실황 녹음을, 1982년에는 헤비메탈계의 '큰형님' 메탈리카가 LA 데뷔 공연을, 그리고 1991년에는 얼터너티브록의 원조 밴드 펄 잼이 무키 블래이록(Mookie Blaylock)이라는 이름으로 데뷔 공연을 했다.

밥 딜런 포크록의 실험 무대

1960년대 통기타 하나 메고 미국 사회의 모순을 예리하게 파고들며 분연히 포크음악의 열풍을 일으킨 '저항시인' 밥 딜런이 포크에서 포크록으로의 '변절'을 실험했던 곳도 트루버도어다. 밥 딜런의 음악적 변화는 당시 음악 팬들에게는 배신과 충격 그 자체였다. 저항의 상징인 포크음악의 장본인이 '포크정신'을 일렉트릭기타와 맞바꾼 것이다. 하지만 결과적으로 밥 딜런이 옳았다. 록음악은 오늘날 여전히 '저항'의 상징이니까 말이다.

데뷔 후 한창 주가를 올리던 그는 1964년 돌연 더 맨(The Man)이라는 지역 밴드에서 재즈 연주를 하며 내공을 쌓더니, 곧이어 트루버도어에서 포크 트위스트(Folk-twist)라는 이름의

잼 세션 무대에 오른다. 포크록을 위한 실험 무대였을까? 이듬해 그는 뉴포트 포크 페스티벌에서 통기타 대신 일렉트릭기타를 잡고 등장했으며, 곧이어 포크와 록을 하나로 결합한 혁명적인 앨범 〈브링 잇 올 백 홈(Bring It All Back Home)〉을 내놓으며 팝뮤직 역사에 방점을 찍는다. 트루버도어에서의 암중모색이 포크록의 태동을 알린 것이다. 1960~1970년대 로큰롤이 황금기를 구가할 때 수많은 뮤지션들이 문지방 닳도록 트루버도어를 드나들었던 데는 이러한 유명세 탓도 있을 것이다.

아마추어 뮤지션의 등용문, 트루버도어

한편 1970년대 초 트루버도어에서는 포크음악의 호황기를 맞아 매주 월요일 밤마다 후터내니(Hooternanny)라는 포크 공연이 열렸다. 제임스 테일러, 잭슨 브라운 등 이미 유명한 포크 뮤지션들의 공연으로도 성황이었지만, 후터내니 공연은 무엇보다 누구에게나 열려 있는 오디션 무대이기도 했다. 아마추어 뮤지션들은 말할 것도 없고, 유명 배우와 음악 에이전트, 매니저 그리고 음반회사 관계자들과 늘씬한 금발의 미녀들로 언제나 문전성시였다. 그곳에서 눈에 띄면 바로 계약이 성사되거나 앨범을 내는 기회가 생기기도 했다.

밥 딜런의 열렬한 추종자였던 스무 살의 톰 웨이츠도 매주 월요일이면 세 시간 거리의 샌디에이고에서 LA까지 버스를 타고 올라와 '출근 도장'을 찍었다. 그때까지 톰 웨이츠는 서빙, 바텐더, 접시닦이, 트럭 기사, 주유소 점원 등의 직업을 전전했다. 그는 늦은 밤의 후터내니 공연에서 겨우 노래 세 곡을 부르기 위해 아침 9시부터 한나절을 꼬박 기다렸다. 톰 웨이츠 말마따나 이곳에는 "마약에 찌든 트럼피터에서부터 아이 아홉 딸린 멕시코 밴드에 이르기까지" 청운의 꿈을 안고 음악으로 성공하려는 이들이 구름같이 몰려들었다. 그는 이미 고등학교 시절부터 샌디에이고의 커피하우스 헤리티지에서 도어맨 아르바이트를 하면서 틈틈이 밥 딜런의 노래도 카피하고 곡도 쓰면서 내공을 쌓아 온 터였다.

데뷔하다

1971년, 만 스물두 살 되던 해에 그는 무대 위에서 노래를 부르던 중 프랭크 자파의 매니저 허브 코헨의 눈에 띄어 매니지먼트 계약을 한다. 그리고 곧이어 최고의 음반 기획자였던 데이비드 게펜 역시 '그레이프프루트 문(Grapefruit Moon)'을 부르는 그의 모습을 보고 즉시 계약을 하면서, 1973년 첫 앨범 〈클로징 타임〉을 발표한다. 당시 허브 코헨은 화장실을 가다 그의 음악을 듣고는 그에게 가서 당장 물었다. "지금 무슨 일 하지?" 톰 웨이츠는 "그냥 노는데요."라고 대답했고, 허브 코헨은 그 자리에서 화끈하게 사인을 하고 톰 웨이츠의 매니저가 되었다.

톰 웨이츠는 1984년 뉴욕으로 거처를 옮기기 전까지 아홉 장의 앨범을 냈고 많은 투어를 다녔지만 여전히 트루버도어의

'죽돌이'였다. 여기에서 트루버도어의 종업원이자 드러머였던 척 E. 웨이스와 시카고 출신의 무명가수 리키 리 존스와 만났다. 이때부터 이 삼인방은 '깡패'처럼 몰려다녔고, 결국 톰 웨이츠는 리키 리 존스와 연인 사이로 발전한다.

한편, 1980년대 이후부터 트루버도어에서는 다양한 장르의 뮤지션들이 무대에 오르기 시작했다. 브루스 스프링스틴, 레너드 코헨, 빌리 조엘, 밴 모리슨과 건스앤로지스, 콘, 라디오헤드, 레드핫칠리페퍼스, 콜드플레이, 큐어, 데미안 라이스에 이르기까지 일일이 열거할 수 없을 만큼 수많은 뮤지션과 밴드들이 데뷔 공연 및 신보 쇼케이스 무대로 서기 위해 불나방처럼 모여들었다.

록음악 절정기의 한복판

일본의 역사가 홋타 요시에는 "시대와 지역의 불가사의, 인간의 영위가 갖는 기세나 탄력, 역사의 집중적인 열기 같은 것은 아주 짧은 기간에 드러난다."라고 말했다. 독일 고전음악의 전성기였던 18세기, 예를 들어 바흐, 모차르트, 하이든, 베토벤, 슈베르트와 같은 대가들 역시 100년이 채 안 되는 기간에 한꺼번에 등장했다. 대중음악평론가 데이브 게이츠는 록음악의 황금기였던 1960~1970년대를 회상하면서, "엘비스의 '미스터리 트레인(Mistery Train)', 딜런의 '라이크 어 롤링 스톤(Like A Rolling Stone)', 비틀스의 '러버 소울(Rubber Soul)', 롤링 스톤스의 '새티스팩션(Satisfaction)'이 나오기까지 불과 10년밖에 안 걸렸다."라고 말한다. 록음악 역사의 전기가 될 만한 음악들이 그 사이에 다 쏟아져 나왔다는 이야기다.

정치 사회적으로도 격동의 시기였다. 베트남전이 한창이었고 케네디와 마틴 루터 킹이 암살당했으며, 비트 작가들의 반체제적이고 무정부주의적인 사상으로 각종 약물과 인도 철학이 도입되었다. 또한 1967년 몬터레이 페스티벌과 1969년 우드스톡 페스티벌은 반전과 평화, 공존을 모토로 한 히피문화의 태동을 알린 상징적 사건이었다.

그 시절 웨스트할리우드에서는 뮤지션과 음악팬들이 이러한 로큰롤 부흥기의 최전선에서 마음껏 젊음을 향유하고 있었다. 톰 웨이츠 역시 〈스몰 체인지(Small Change)〉와 〈포린 어페어(Foreign Affair)〉를 발표하며 바쁜 나날을 보냈다. 비록 당시 주류음악 신의 진입 장벽을 넘지는 못했지만, 도시적 우울과 황폐함, 고독과 방랑에 대한 시적 은유와 마이너적 감성은 가히 발군이었다.

또 하나의 아지트, 트로피카나 모텔

1976년 여름, 스물여덟의 톰 웨이츠는 LA 실버레이크에서 트루버도어 근처에 있는 트로피카나(Tropicana) 모텔로 거처를 옮긴다. 이곳 역시 트루버도어와 더불어 뮤지션들 사이에서는 유명한 아지트였다. 트로피카나 모텔은 가난한 뮤지션들의 음악적 열정으로 들끓는 용광로였다. 전국 각지에서 모인 음악가 연하는 사람들과 록음악의 광팬들, 뮤지션 지망생 등으로 항상 붐볐고, 투어 밴드들 역시 낯익은 친구들과 인사를 나누거나 투어 스케줄을 짜며 하루를 마감했다. 어느 업계든 업계 사람들이 모이는 지정 업소는 항상 있는 법이다. 하지만 시설은 형편없었다. 톰 웨이츠는 "거기 있는 동안 새 타월은 한 번도 받은 적이 없고, 흰 개미가 출몰하고 배관도 엉망이고 수영장 바닥은 새까맸지만, 가스와 전기세는 내지 않으니 괜찮았다."라며 당시를 회상한다. 아무튼 이곳이 그의 창작 공간이자 숙식을 해결하는 유일한 쉼터였다.

열악한 환경이 예술가들의 창작혼을 더 불러일으키는 것인지, 수많은 예술가들이 이곳에서 여장 풀기를 마다하지 않았다. 앤디 워홀은 그의 컬트 무비 〈히트(Heat)〉를 이곳에서 찍었고, 짐 모리슨은 도어스의 절정기를 이곳에서 보냈다. 밴 모리슨은 그의 곡 '티. 비. 시트(T. B. Sheet)' 외 여러 곡들을 트로피카나에 머물면서 썼다. 그 외에도 밥 말리, 앨리스 쿠퍼, 섹스 피스톨즈, 이기 팝, 빅브라더 앤드 홀딩컴퍼니 등도 할리우드에 자리를 잡을 때면 이곳에서 신세를 지곤 했다.

하지만 온갖 범죄와 약물 관련 경범죄가 끊임없이 일어나기도 했다. 주인장은 숙박료만 지불하면 누가 죽어도 신경을 쓰지 않았기 때문이다. 할리우드 경찰들 역시 거리 폭행사건이 아니면 아예 무슨 일이 일어나는지조차 알려고 하지 않았다. 1970년 10월 재니스 조플린이 트루버도어에서 파티를 즐긴 다

〈블루 밸런타인〉 부클릿에는 3년간 열애한 리키 리 존스가 모델로 등장했다.

음 날, 이곳 트로피카나에서 약물 과다 복용으로 죽은 채 발견
된다. 로큰롤 음악사의 중요한 순간들을 트로피카나가 함께한
셈이다.

말 많고 탈 많은, 리키 리 존스와의 사랑

웨이트리스와 작곡 일을 하면서 근근이 생활해 오던 시카고
출신의 무명가수 리키 리 존스가 트로피카나 모텔에 짐을 푼
것은 1977년의 일이었다. 그녀 역시 트루버도어에서 노래를 부
르기 위해 온 것이다. 그해 그녀는 톰 웨이츠와 처음 만나 3년
간 열애를 한다. 당시 톰 웨이츠는 비록 여섯 장의 앨범 중 단
한 장도 성공하지 못했지만, 나름대로 투어를 다니고 인터뷰도

하는 등 바쁜 나날을 보내고 있었다. 반면 리키 리 존스는 〈블루 밸런타인(Blue Valentine)〉의 부클릿에 등장하여 톰 웨이츠와 로맨틱한 포즈를 취할 때만 해도 그저 묘령의 금발 아가씨에 불과했다. 당시 몇몇 언론이 그들의 연정관계를 의심했지만 톰 웨이츠는 어디에서도 그녀에 대해 언급하지 않았다.

하지만 톰 웨이츠는 첫눈에 그녀에게 반했던 것 같다. 1979년 어느 인터뷰에서는 그녀의 첫인상에 대한 소회를 밝혔다. 그녀를 1950~1960년대를 풍미한 금발의 섹시스타 제인 맨스필드에 비유하면서, "극도로 매력적이며, 태초의 가장 원시적인 느낌"이었고, "무대 위에서 그녀의 스타일은 애절하고도 자극적"이라고 극찬했다. 이들의 관계는 톰 웨이츠가 뉴욕으로 거처를 옮기기 전인 1980년까지 이어지는데, 이 둘은 (또 한 명의 친구 척 E. 웨이스와 함께) 가족 이상으로 가깝게 지냈고, 리키 리 존스 말마따나 "서로를 초현실 세계에서 만난 로맨틱한 몽상가로 여기며" 마냥 꿈같은 시절을 보낸다.

이별하다

하지만 1979년 존스가 동명 앨범 〈리키 리 존스(Rickie Lee Jones)〉를 발표하고, 삼인방 친구 척 E. 웨이스를 주인공으로 한 타이틀곡 '척 E. 인 러브(Chuck E. in Love)'가 아메리칸 톱 40의 4위에 랭크되면서 그들 사이에는 이상 기류가 흐른다. 비슷한 시기에 톰 웨이츠의 삶은 밑바닥을 치기 시작했기 때문이다.

〈블루 밸런타인〉 투어의 성적도 좋지 못했고, 계획했던 영화 출연이 취소되는가 하면, 영화배우 실베스터 스탤론이 감독을 맡은 영화 〈파라다이스 앨리〉에서 비중 있는 역할을 맡을 것으로 기대했지만 역시 카메오 출연으로 역할이 축소되었다. 차기 앨범을 준비했지만 그것마저 뜻대로 되지 않았다. 그는 점점 피폐해졌고 줄담배와 폭음을 일삼았으며 약물에 탐닉하기 시작했다. 그에게는 무언가 새로운 전환점이 필요했다.

그들의 이별에는 여러 가지 이유가 있었겠지만, 한 사람의 성공과 한 사람의 슬럼프도 그 이유 중 하나였을지 모른다. 서로는 좋은 자극을 주는 경쟁관계가 될 수 있었으나 긍정적인 시너지 효과는 일으키지 못했다. 존스는 1979년 그래미상 신인상을 받으며 메이저 가수로서 '굳히기'에 들어갔고, 웨이츠는 서른두 살 되던 해인 1980년, 잠시 숨을 고르기 위해 뉴욕으로 건너가 인생의 2막을 준비한다.

이야기꾼의 밤 노래

스튜디오에 술집을 차리고

LA를 떠나기 전까지 톰 웨이츠의 활동 무대가 술집과 싸구려 여관이었던 만큼 그의 음악에서 이방인과 작은 술집, 웨이트리스와 피아노 같은 단어들은 항상 단골 메뉴였다. 그의 노래를 모아 체를 치면 방랑의 이미지만 툴툴거리며 쏟아질지 모른다. 그의 가사 중 '밤(night)'이라는 단어가 140회 이상 언급된 것도 이와 무관하지 않다. 그중 1975년 발표한 〈나이트호크 앳 더 다이너(Nighthawks at the Diner)〉는 아예 스튜디오에 술집을 차려 녹음한 앨범으로, 그의 초기 음악의 성격을 잘 보여주는 대표작이다.

이 앨범은 미국의 대표 화가 에드워드 호퍼의 정서를 차용한 것으로 알려져 있다. 에드워드 호퍼의 〈나이트호크〉는 톰 웨이츠뿐 아니라 수많은 이들의 상상력을 자극했다. 더 이상 원본이 의미 없을 만큼 영화, 드라마, 미술, 음악, 만화 할 것 없이 무수한 내러티브를 굴비처럼 엮어 내며 미국 대중문화 곳곳에 스며들었다. 빔 벤더스의 〈돈 컴 노킹〉은 〈나이트호크〉의 오마주라 할 만큼 그림의 구도와 색감 그리고 풍경 이미지를 빌려 왔다. 리들리 스콧 역시 〈블레이드 러너〉의 암울한 도회 풍경이 〈나이트호크〉에서 영향을 받았다고 고백한 바 있다. TV 만화영화 〈심슨가족〉은 술집 안에서 경찰관 둘이 이야기하는 장면으로 패러디했고, 스타벅스 머그컵에는 〈나이트호크〉의 필리스 담배 간판 대신 스타벅스 커피숍 간판이 달려 있다.

1941년 미국 진주만 폭격 직후 그려진 〈나이트호크〉는, 1930년대 경제 대공황을 겪은 미국인의 무력함 위에 또 한 번 덧씌워진 절망감이 짙게 배어 있다. 역사적 배경을 차치하더라도 우주선처럼 유영하듯 진공 상태로 떠 있는 듯한 모습이나, '날밤 새우는 사람들'이라는 뜻처럼 깊은 밤 심연에 들어앉은 네 인물과 직설적인 형광등 빛, 그리고 냉소적인 도시 풍경은 고독에 몸을 떠는 도시인의 황폐한 내면을 잘 보여 준다.

톰 웨이츠만의 날밤 새우기

톰 웨이츠는 세 번째 앨범 〈나이트호크 앳 더 다이너〉에서

톰 웨이츠의 세 번째 앨범 재킷은 에드워드 호퍼의 〈나이트호퍼〉에서
이미지를 차용한 흔적이 역력하다.

〈나이트호크〉를 또 다른 형태로 변주했다(물론 그가 호퍼에게 영
향을 받았다고 언급한 바는 없다. 그러나 심증과 물증은 많다). 톰 웨이츠
는 앨범 재킷과 음악 전편에서 그만의 '왁자한 날밤 새우기'를
시도했다. 호퍼의 '나이트호크'들은 고독 속으로 침전한 채 좀
처럼 올 것 같지 않은 새벽을 맞지만, 앨범 재킷에 등장하는 톰
웨이츠의 나이트호크들은 두런두런 나른하게 모여 앉아 새벽
을 기다린다. 깊은 밤을 암시라도 하는 걸까? 어처구니없게도
사진 모서리에는 한 남자가 쓰러져 있다. 창틀에 맨발을 올려
놓은 사내와 담배를 꺼내는 여자, 여자를 바라보는 남자와 창
밖 정면을 응시하는 톰 웨이츠(그 뒤로 보이는 턱수염 사내가 허브 코
헨이다). 언뜻 소란스러워 보이지만 대화를 나누는 이는 없다. 아
마도 한 차례 소란스러움이 썰물처럼 빠져나간 뒤 찾아온 잠깐

의 휴식인 모양이다.

녹음실을 클럽으로

톰 웨이츠는 하루 종일 말하지 않아도 괜찮을 친구들을 모아 놓고 녹음실에 술집을 차렸다. 1975년 톰 웨이츠와 프로듀서 본즈 하우는 할리우드의 레코드 플랜트(Record Plant) 녹음실을 클럽으로 꾸미기 시작했다. 녹음실 한쪽 구석에는 단출하게 피아노와 테너색소폰, 콘트라베이스, 드럼을 놓아 무대를 만들었고, 그 앞에 맥주와 와인, 포테이토칩이 마련된 테이블 몇 개를 준비해 작은 홀을 꾸몄다. 음악은 악기 구성에서도 알 수 있듯 재즈와 포크적 색채가 짙게 배어, 깊은 밤 친구들과 날밤을 새우기에는 더 없이 좋은 분위기였다.

그해 7월 이틀 동안 네 번에 걸쳐 공연이 이루어졌다. 공연에 초대된 지인들은 가족 같은 분위기 속에서 술을 마시며 톰 웨이츠의 농담과 음악에 취해 밤을 지새웠다. 오프닝에서는 할리우드에서 활동하는 3류 스트립걸 드와나의 공연으로 열기가 후끈 달아올랐다. 이 독특한 신곡 발표회는 고스란히 실황으로 녹음되어 톰 웨이츠 정규 앨범으로 발매되었다. 당시 피아노를 연주한 마이클 멜바인은 "테이블에 놓인 촛대와 방을 가득 메운 사람들, 스트립걸의 오프닝은 황홀할 지경"이었고, "밴드와 톰 웨이츠와 관객이 삼위일체"였다고 회상한다.

이 앨범을 낼 당시 막 서른 줄에 접어들었던 톰 웨이츠는 시쳇말로 '자유로운 영혼'이었다. 바와 술집을 전전하며 노래를 불렀고, 중절모에 7달러짜리 옷을 걸친 채 세상 등지고 사는 방랑자였다. 물론 최근까지 라디오도 안 나오는 60년형 캐딜락을 즐겨 타며, 투어와 TV쇼 외에는 모습을 드러내길 꺼리지만, 그의 노래가 모두 고독의 침전물로 이루어진 것은 아니다. 그의 노래 속에는 블랙 유머와 재기 넘치는 말주변이 빛을 발하며, 어두움과 암울함의 메타포를 뒤집어썼어도 결코 그것에 함몰되지 않는 힘이 있다. 그중 앨범 수록곡인 '배터 오프 위드아웃 어 와이프(Better Off Without A Wife)'는 그가 탁월한 이야기꾼, 아니 타고난 이야기꾼임을 증명해 준다.

탁월한, 타고난 이야기꾼

그는 '녹음실 클럽'에 모아 놓은 친구들과도 노래를 부르고 술을 마시며 끊임없이 사는 이야기를 떠벌렸다. 그의 노래에는 언제나 이야기가 있으며, 노래와 노래 사이엔 그 시간만큼의 수다스러움이 있다. 그를 좋아하는 사람들은 냉소적이지만 차갑지 않은 인간적인 유머에 매력을 느꼈다. '배터 오프 위드아웃 어 와이프'에서 노래한 쓸쓸함은 그런 의미에서 쓸쓸하지 않다.

친구들은 모두 결혼을 했지만 그는 아내가 없는 게 더 좋다고 노래한다. '바가지 긁는' 사람도 없고, 언제든 떠날 준비가 되어 있으며, 늦잠을 자도 그만이고, 혼자 밤을 새워도 눈치 볼 필요가 없기 때문이다.

난 아내 없는 게 더 좋아
오후까지 늦잠을 자도 되고
올빼미 생활을 할 수 있잖아
맘만 먹으면 언제든지 놀러 갈 수 있고
내가 들어오고 싶을 때 집에 들어올 수 있거든
허락 같은 건 안 받아도 되지

이렇게 보면 마치 그가 고독한 독신주의자이거나 결혼할 생
각이 없거나, 또는 하지 않을 것 같지만, 사실 그럴 만한 이유
가 있다.

나는 열정적으로 연애를 해 보지 않은 적이 없어
리노의 한 여자와도 사귀었지
트럼펫 연주자에게로 떠나 버리긴 했지만
뭐, 괜찮아
그는 지명수배자거든
자기 잘못이 아니라고 말했지만
경찰은 바로 그를 감옥으로 처넣어 버렸지

연애 한 번 하지 못한 숙맥이라서 결혼하지 않는 것이 아니
다. 이미 연애 경험도 충분하다. 실제 경험인지 알 길은 없으나,
최근에 만난 여자는 트럼펫 연주자에게로 갔고, 그는 지명수배
자였으니 곧바로 철창신세를 졌다. 이쯤 되면 실연의 아픔이 말

끔히 해소됐을 만도 하다. 그러니 결혼한 친구들을 하나하나 호명하며 "나는 아내가 없는 게 더 좋다."라거나 "올빼미 생활을 할 수 있다."라면서 자유로운 몸이라고 운을 뗀 것도 당연할 터다. 결국 자신을 걷어찬 여자의 말로를 노래하기 위해 반전의 유머를 흘린 셈이다. 그리고 그녀를 데려간 남자에게 마지막으로 쐐기를 박으며, '아내 없는' 살맛나는 세상을 노래한다.

> 이봐, 난 이 여자를 잘 알아. 그리고 있지……
> 그러니까 내 말은, 그녀가 결혼 경험이 아주 많다는 거야
> 얼굴에 온통 묻힌 밥풀떼기하며
> 뭐, 잘 알겠지만……

'나이트호크 앳 더 다이너'는 톰 웨이츠가 세상을 바라보는 시선의 함축이다. 혼자인 듯하지만 혼자가 아닌, 어두운 듯하지만 희망을 노래하는, 순순히 아픔을 받아들이기보다는 능치듯 넘기는 모습에서 그가 세상을 보이는 대로 바라보지 않는다는 것쯤은 짐작할 수 있다.

그의 탁월한 작사 능력은 여러 노래에서 빛을 발한다. 잘 알려진 곡인 '크리스마스카드 프롬 어 후커 인 미니애폴리스 (Christmas Card From A Hooker In Minneapolis)'에서는 헤어진 옛 애인에게서 남편과 행복하게 살고 있다는 편지를 받지만, 알고 보니 변호사에게 줄 돈도 없이 옥살이하는 비참한 신세라는 상황을 드라마틱하게 노래한다. '초콜릿 지저스'에서는 일요

일마다 교회를 다니는 즐거움보다 배 속을 즐겁게 해 주는 초
콜릿이 더 좋다며, 나를 즐겁게 해 주는 것이 진정한 예수라고
노래한다.

자신의 감정을 일기예보하듯 섬세하게 묘사하는 감수성이나
('이모셔널 웨더 리포트'), 안개 짙은 밤거리 풍경을 자신의 먹먹한
심정에 대입하여 묘사하는 것('온 어 포기 나이트')도 범상치 않은
그의 시선을 대변한다. 모르긴 해도 '녹음실 클럽'을 찾아온 친
구들은 그날 밤 톰 웨이츠와 함께 와자하게 웃고 떠들며 저물
어 갔을 것이다. 수많은 이야기를 별처럼 쏟아내면서 말이다.

하지만 이러한 낭만도 부질없었다. 데뷔 때부터 함께해 온
매니저 허브 코헨은 그에게 낭만은 주었을망정, 최소한의 경제
적 이익은 주지 않았기 때문이다.

노래만 불렀다, 돈은 못 벌었다

잃어버린 노래, 잃어버린 10년

톰 웨이츠는 1980년 뉴욕행 비행기에 올랐다. 허브 코헨과는 끝이었다. 환골탈태를 다짐했다. 환멸과 회한만 남았다. 매니저 코헨에게 단물을 죄다 빨린 기분이었다. 적어도 활동하는 동안 얼마를 벌었는지는 알아야 하는 것 아닌가. 벌이에 대한 그의 답은 분명하다. "뭐, 최소한 택시 운전할 때보다는 많이 벌었겠지."

톰 웨이츠는 안 해 본 것 없이 다 해 본 처지였지만, 음악도 배고프기는 마찬가지였다. 그는 데뷔 후 거의 한 해도 거르지 않고 성실히 일곱 장의 정규 앨범을 발표했고, 대부분의 시간을 버스에서 세션맨들과 보내며 바쁜 투어 일정을 소화했다. 록의 전위를 지향한 프랭크 자파 앤드 마더 오브 인벤션(Frank Zappa and Mother of Invention)의 공연을 따라다니며 오프닝 무대에 서기도 했다. 포크 성향이 강했던 그의 데뷔 초 음악과는 전혀 맞지 않았다. 물론 프랭크 자파 팬들에게 웃음거리밖에 되지 않았지만, 허브 코헨이 프랭크 자파의 매니저였기 때문에, 꿔다 놓은 보릿자루일망정 거부할 수 없었다.

음반 순위가 169위까지 오른 적도 있었다. 200위만 넘어도 성공이라 생각했으니 이 정도면 대성공이지 않을까. 하지만 음악적 성공과는 달리, 그의 수중에 들어오는 돈은 없었다. 결국 톰 웨이츠는 앨범 〈하트어택 앤드 바인(Heartattack and Vine)〉을 마지막으로 1982년 허브 코헨과 결별을 선언한다.

악연이거나 은인이거나

허브 코헨은 톰 웨이츠에게 은인이었다. 겨우 턱수염이 자라기 시작하던 스무 살 톰 웨이츠의 재능을 발견하고 음악판으로 이끈 장본인이기 때문이다. 당시 허브 코헨은 LA에 처음 커피하우스(커피를 팔며 공연하는 문화공간)를 도입한 사업가이자, 프랭크 자파, 앨리스 쿠퍼, 와일드맨 피셔 등의 매니저였으며, 음반 저작사와 레코드사 사장으로 사업적 수완을 발휘하며 명성을 떨치고 있었다.

하지만 지인들 사이에서 그는 '저질'로 통했다. 문자 그대로

'무서운' 사람이었다. 모던포크콰르텟의 전 멤버였던 제리 예스터는 그를 이렇게 회상했다. "차 트렁크에 수류탄 박스까지 넣고 다닐 만큼 전투적인 사람이었다니까."

1960년대 초 어느 날엔가는 그가 LA 일대에서 종적을 감춘 적이 있었다. 그의 친구들은 한 치의 의심도 없이 그가 남미로 가서 피델 카스트로의 호위대로 지원했을 거라고 생각했다. 그는 마음에 들지 않는 소속사 밴드의 멤버는 언제든지 내쳤고, 살인적인 스케줄에 반항하면 바로 잘라 버리기까지 했다. 프로듀서 본즈 하우는 그를 "다중적인 성격에 건달"로 표현했고, 컨트리록 가수인 린다 론스태드는 그가 "'더티'한 쪽으로 대중음악계의 눈을 뜨게 해 준 위인"이라니 말 다했다.

네 것도 내 것, 내 것도 내 것

1970년대 미국은 음악 저작권법이 존재했지만 그리 투명하지 않았다. 특히 초짜 뮤지션들은 노래로 밥벌이만 할 수 있으면 족했으니, 매니지먼트 입장에서 투명하게 할 리 만무했다. 멋모르는 어린 친구들을 스타로 만들어 주겠다며, 부당하게 계약하는 일부 매니지먼트사의 횡포는 동서고금을 막론한 불변의 진리인 모양이다. 더구나 미국은 에이전트, 저작권사, 레코드사, 배급회사 등이 이해관계에 따라 저작권, 저작인접권, 초상권, 상표권, 복제 및 배포권 등을 각각 나누어 관리한다. 그러니 똑똑한 에이전트를 두지 않는 이상 신인 뮤지션들이 이들의 상관관계와 법률 조항을 알 길은 요원하다.

데뷔 초 톰 웨이츠 역시 노래만 부를 줄 알았지 매니지먼트
에 대한 개념이 희박한 청년이었다. 허브 코헨이 그에게 접근했
을 때도 뮤지션과 매니저의 관계라기보다 코헨에게 재정적 지
원을 받아 레코딩을 하고, 투어의 수입과 앨범 판매 로열티로
투자비용을 돌려주면 되는 것쯤으로 생각했다. 그러니 자신의
곡에 대한 저작권도 으레 '내 것'으로 생각한 것이다. 그러나 착
각이었다. 코헨은 이재에 밝았고 변호사 동생을 두어 복잡한
법률 조항에도 빠삭했다. 코헨은 그의 저작권을 관리하는 매니
저 역할을 자처하며 계약서에 사인을 받아 냈다. 톰 웨이츠는
앨범 제작과 전미 투어를 약속한 코헨의 감언이설에 넘어갔다.
물론 돈만 제대로 들어오지 않았을 뿐, 코헨의 말대로 앨범도
꾸준히 발표했고 투어도 쉼 없이 했다.

하지만 바로 이 한 번의 사인이 결국 톰 웨이츠 음악 인생
의 족쇄가 된다. 계약서에는 모든 곡의 저작권을 코헨이 소유하
고 있던 레코드사 비자레/스트레이트와 저작권사인 피프티 플
로어에 양도한다는 내용이 포함되어 있었다. 웨이츠에게는 자
신의 곡과 앨범 판매 수익에 대한 어떠한 권리도 없었다. 그러
니 그가 일곱 장의 앨범을 발표하고, 수많은 투어를 해도 빈털
터리가 될 수밖에. 물론 톰 웨이츠는 뒤늦게야 불평등한 계약
을 깨닫고, 1980년 〈원 프롬 더 하트〉 앨범은 광고 등의 용도
로 사용할 수 없다는 데 합의했다. 하지만 이 앨범은 코헨과의
마지막 작업이었으니 소 잃고 외양간 고친 꼴이다.

특히 대중적으로 성공한 톰 웨이츠의 노래는 거의 다 이 앨범들에 담겨 있다. '이'55' '아이 호프 댓 아이 돈트 폴링 인 러브 위드 유(I Hope That I Don't Fall in Love with You)' '크리스마스카드 프롬 어 후커 인 미니애폴리스' '톰 트라우버츠 블루스' '피아노 해즈 빈 드링킹(The Piano Has Been Drinking)' '저지걸' 등 주옥같은 초기작들이 이들 앨범에 수록되어 있다. 팬들이 이 곡들을 아무리 열심히 듣고 구입해도 톰 웨이츠의 가계에는 전혀 도움이 되지 않는다. 1990년 이후 톰 웨이츠의 투어에서 초기 음악을 들을 수 없는 이유도 여기에 있다.

재주는 톰이 부리고, 돈은 코헨이 챙기고

코헨과 헤어지고 아일랜드 레코드와 계약한 후 〈스워드피시 트럼본〉을 발표하면서부터는 확실하게 자신의 저작권을 챙기기 시작했다. 하지만 자식과도 같은 초기작들에 대한 권리를 전혀 행사할 수 없다는 것은 '뼈아픈 후회'로 남았다. "받아들여야지요. 뭐, 내가 어렸을 때 저지른 실수이니 어쩌겠습니까." 그러나 이렇게 말해도 분통은 쉽게 사그라지지 않을 터였다.

이것은 전초전에 불과했다. 톰 웨이츠가 목덜미 잡을 일은 오히려 그 이후에 터진다. 톰 웨이츠의 저작권을 소유하고 있던 허브 코헨은 저작료를 받고 각종 상업광고에 톰 웨이츠의 곡을 사용하도록 하는가 하면, '편집 앨범' '베스트 앨범' '헌정 앨범'이라는 명목으로 끊임없이 그의 초기 음악을 우려먹었다. "만

약 존 레논이 자기 곡을 훗날 마이클 잭슨이 마음대로 쓰고 다녔다는 걸 알면 어땠겠냐? 무덤에서 뛰쳐나와서 잭슨의 엉덩이를 갈겨 버리지 않았겠어?"

톰 웨이츠는 단단히 화가 났다. 자신에게 저작권이 없는 것도 억울한데 그 노래들을 묶어 〈어사일럼 이어스(Asylum Years)〉니 〈유즈드 송(Used Song): 1973~1980〉이니 하는 이름을 붙여 베스트 앨범으로 판매하고 있었다. 피가 거꾸로 솟을 일이었다. 그도 앉아서 당하고 있을 수만은 없었다. 하나하나 법적 대응에 나서기 시작했다.

빠져나갈 구멍은 만들어 놓다

1988년 치토스로 유명한 스낵 회사 프리토레이 광고에 '스텝 라이트 업(Step Right Up)'이 패러디된 일이 있었다. 코헨에게는 저작권 침해 소송을 걸 수 없었다. 그 대신 광고 속에서 패러디한 목소리가 자신이 직접 광고한 것처럼 혼동을 일으킬 수 있다는 미국 상표법에 의거해 프리토레이에 소송을 걸었다. 톰 웨이츠는 5년간의 법정 공방 끝에 프리토레이로부터 260만 달러의 배상금을 받아 냈다. 1990년에는 리바이스가 스크리밍 제이 호킨스의 목소리를 빌려 그의 곡 '하트어택 앤드 바인'을 리메이크하여 광고에 실었다. 역시 톰 웨이츠는 리바이스에 소송을 걸었고 약간의 배상금과 함께 리바이스로부터 사과문을 받아 냈다. 그러나 정작 분쟁의 원흉인 코헨은 그저 저작권 허가만 내주고 돈만 챙겼을 뿐 법정 공방에는 끼어들 일이 없었다.

톰 웨이츠가 이들 회사에 소송을 걸기 위해 법원을 문지방 닳도록 들락거리는 와중에도, 허브 코헨은 아랑곳하지 않고 프랑스 쉐이빙 크림 광고에 '루비 암즈(Ruby's Arms)'를, 아르헨티나의 초콜릿 회사 광고에 '오프닝 몬태지(Opening Montage)' 사용을 허가하고 저작료를 받아 챙겼다. 1991년에는 〈얼리 이어스(Early Years)〉라는 앨범을 보란 듯이 발매하며 톰 웨이츠의 속을 다시 한 번 뒤집어 놓았다. 1971년 톰 웨이츠가 데뷔하기 전 프로모션용으로 녹음한 데모 테이프를 복원한 앨범이었다. 새로운 아이템에 목말라하는 톰 웨이츠 팬에게는 희소식이었지만, 톰 웨이츠로서는 눈 뜨고 코 베이는 처참한 순간이었다. 독 오른 톰 웨이츠는 그 이후 그의 목소리를 흉내 낸 광고는 반드시 '응징'에 들어갔다. 그의 목소리를 패러디한 2003년 아우디 광고와 2007년 오펠의 자동차 광고 두 건에 대해 가차 없이 고소했고, 모두 승소했다. "무대에서 노래 부르는 시간보다, 내 노래 살리려고 법정에서 보내는 세월이 더 많았구먼."

결국 톰 웨이츠는 소송 건으로 만신창이가 되었던 1994년부터 1998까지 단 한 장의 앨범도 발표하지 못했다. 배상금으로 돈은 벌었을지언정 마음은 황폐했다.

내 돈도 내놔라

정황상 코헨은 돈밖에 모르는 악독한 비즈니스맨이고, 웨이츠는 음악밖에 모르는 순진한 아티스트로 볼 수도 있지만, 허브 코헨의 입장에서도 할 말은 있다. 그는 웨이츠의 매니지먼트 일을 시작하면서 적지 않은 리스크를 감수했기 때문이다. 물론 '싹수'는 있었지만, 상업적으로 성공할 가능성이 희박했다. 포크는 밥 딜런이라는 거물이 한 번 폭풍을 일으킨 후였고, 록의 시대가 도래하는 때였다. 톰 웨이츠 같은 포크 가수는 많았다. 하지만 그는 감성적인 멜로디와 뛰어난 작사 능력이 있었다. 코헨은 그런 잠재성을 본 것이다. 데뷔 앨범 발매를 위해 처리해야 하는 복잡한 일도 모두 그가 도맡았다. 자신의 레코드사가 있었는데도, 데이비드 게펜에게 앨범을 발매하게 하여 큰 회사의 영업력에 기대는 사업 수완을 발휘하기도 했다(결과적으로 저작료는 자신의 몫이었으니, 그는 두 수 앞을 내다보는 타고난 장사꾼인 셈이다). 물론 앨범의 판매 부진에도 개의치 않고 지속적으로 홍보를 했다. 코헨은 웨이츠의 투어도 직접 기획했으며, 텔레비전과 잡지 인터뷰도 부지런히 알아보고 다녔다.

그런데도 그가 끝까지 웨이츠를 괴롭혔다는 것만은 부인할 수 없다. 코헨은 웨이츠가 데뷔 시절 레코딩할 때 본인이 지출한 비용을 아직도 안 갚고 있다고 주장했다. 당시 프로듀서였던 본즈 하우에게까지 독촉 전화를 해 댔다. "본즈, 그때 톰이 녹음할 때 내가 지불해 준 스튜디오 사용료 줘야 되는 거 아닌

가. 왜 안 주는 거야?" 본즈 하우가 말했다. "기다려 봐. 그 돈은 톰이 주는 게 아니고 레코드사인 어사일럼이 주는 거잖아. 거기서 주겠지."

또한, 그는 2009년 출간된 톰 웨이츠의 전기 『로우 사이드 오브 더 로드(Low Side of the Road)』에서 자신을 '악의적'으로 비방했다며, 저자 바니 호킨스와 랜덤하우스를 명예훼손죄로 고소했다. 책에서 코헨이 톰 웨이츠의 저작료를 횡령했다는 것에 대해, 코헨은 그런 일은 결코 없었으며 모두 적법한 절차에 따라 진행했다고 딱 잘라 말했다. 배상금으로 100만 달러 가량을 요구한 상태였지만, 재판의 결과가 나오기도 전에 허브 코헨은 2010년 3월, 77세의 나이로 세상을 뜨고 만다. 톰 웨이츠는 눈엣가시 하나가 뽑혔다고 생각했을까. 하지만 그가 죽었다고 저작권이 돌아오는 것은 아니니 복장 터질 노릇이다.

우리의 국민 가수 조용필 역시 초창기 저작권 인식 부족으로 주옥같은 초기작 31곡에 대한 저작권을 잃었다. 저작권은 현재 1986년 음반 계약을 했던 지구 레코드가 모두 소유하고 있다. 당시 조용필의 매니저였던 유재학은 "우리는 '복제 및 배포권을 넘긴다'는 조항을 '판권을 넘기는 것'으로 이해했지, 악곡 전체에 대한 배타적 권리라고는 상상도 하지 못했다."라고 했지만, 돌이킬 수 없는 일이었다. 물론 조용필도 저작권을 두고 대법원까지 가는 법정 싸움을 벌였지만 결국 패소했다. 어처구니없게도 그는 재판이 진행 중이던 1998년, 데뷔 30주년 기념 베스트 앨범을 만들기 위해 울며 겨자 먹기로 자신이 만든 곡에 대한 저작료를 지구 레코드에 지불해야 했다. 자신의 곡을 돈 주고 사야 하는 아이러니였다. 물론 허브 코헨이 톰 웨이츠의 편집 앨범을 제목만 바꿔 가며 만들어 냈던 것처럼, 지구 레코드 역시 다양한 이름으로 1년 사이에 무려 열 장의 편집 앨범들을 쏟아 냈다.

동병상련이다. 톰 웨이츠는 당연히 쇼 비즈니스 세계에 환멸을 느꼈으리라. 그는 노래 '아이볼 키드(Eyeball Kid)'에서 몸통도 얼굴도 없이 눈알 하나가 전부인 몸으로 태어난 '눈깔아이'에 자신을 투영하며 이렇게 노래했다. "사람들은 눈깔아이의 모든 것을 원한다네. 말도 못하고 눈조차 깜박일 수 없는데도 말이야." 엘리펀트맨처럼 서커스단 철창 속에 갇혀 구경거리로 살아가는 아이가 바로 톰 웨이츠였다. 그는 자신을 이렇게 만든 쇼 비즈니스 세계에 몸담은 사람들을 향해 "평온한 가정을 방해하거나 어떤 방법으로든 손해를 끼치는 사람들"이라고 못 박았다.

허브 코헨과의 결별 이후 그는 모든 작업을 아내인 캐서린과 함께했다. 젊은 날의 상처가 가정과 아이들을 중심으로 움직이게 했고, 잊힐 만하면 세상에 나와 노래하게 했다. 오히려 잘된 일인지도 모르지만 말이다.

결혼은 이들처럼

쇠뿔도 단김에 빼랬다

톰 웨이츠는 전화번호부를 손끝으로 훑어 내려가기 시작했다. '언제나 영원한 당신의 상담 서비스' '언제나 영원한 당신의 꽃배달 서비스' '언제나 영원한 당신의 초대 서비스' '언제나 영원한 당신의 이혼 서비스' 그리고…… '언제나 영원한 당신의 웨딩채플!'

그가 원하던 24시간 원스톱 결혼 서비스다. 1980년 8월이었다. 그는 당장 결혼을 할 곳을 찾고 있었다. 만난 지는 네 달 되었지만, 한마디로 첫눈에 반한 캐서린 브레넌과 2시간 뒤에 결혼식을 치르기로 했다. 톰 웨이츠는 그녀를 연말 파티에서 단

한 번 보았을 뿐이었다. 제대로 만난 것은 코폴라 감독의 영화 〈원 프롬 더 하트〉의 음악 작업을 하면서부터다. 코폴라 감독의 스튜디오 작가였던 그녀와 오다가다 그만 눈이 맞아 버린 것이다. 사랑은 역시 한 방이다.

바보온달과 평강공주

사랑에 빠진 사람들은 말한다. '우리'의 만남만은 남과 다르고, 운명적이며, 드라마틱하다고. 톰 웨이츠 역시 그녀를 만나는 데 10년이라는 허송세월을 보내야 했다는 둥, 그녀는 나를 새사람으로 만들었다는 둥의 뻔한 멘트를 읊어 댔다. 하지만 다행히도(?) 그의 결혼 생활과 음악 활동의 면면을 살펴보면 아주 실없는 소리만은 아닌 듯하다. 잘 어울리는 한 쌍의 '바보온달과 평강공주'가 연상될 만큼 캐서린은 톰 웨이츠의 배후에서 막강한 존재감을 내뿜기 때문이다. "캐서린이 뒤에서 복화술을 하면 나는 그냥 꼭두각시처럼 움직일 뿐이고, 그녀가 말하기 시작하면 나는 그냥 줄줄 받아 적을 뿐"이라는 톰 웨이츠의 겸손은 겸손이 아닌지도 모르겠다.

총기 있는 눈매와 어딘가 괴짜스러운 면모가 다분한 캐서린은 톰 웨이츠를 만날 즈음, 이미 작가 생활을 청산하고 수녀가 되기로 맘먹었다. 그러나 무엇이 그녀의 마음을 움직였는지, 톰 웨이츠를 사귀면서 결혼을 결심한다. 톰 웨이츠는 이런 그녀에 대해 "내가 그녀를 신으로부터 구해 냈다."라고 너스레를 떨지만, 그를 아는 사람이라면 오히려 그 반대라는 것을 모르지 않을 것이다. 우리는 톰 웨이츠의 음악에서 그녀의 존재를 경험할 뿐, 나머지는 그의 입을 통해 겨우 그녀를 상상할 수밖에 없다. 그가 여러 인터뷰에서 소개한 캐서린을 재구성해 보면 그녀는 한마디로 슈퍼우먼이다.

우리 아내는 '수영복 미인'에다가 노래는 마리아 칼라스처럼 부르고 피아노는 글렌 굴드처럼 치죠. 또 나무외과술 전문의에다가 아프리카제비꽃의 뛰어난 권위자이며 급진적인 환경운동가예요. 그리고 오토바이는 물론이고 트럭까지 고칠 수 있고요, 비행기 조종 면허증까지 있답니다. 경력도 화려해서 뭐 다들 아시겠지만, 20세기폭스 사의 작가로도 있었고, 장례식장에서도 일했고요. 미국 최대 서커스단 링글링브라더스에서 곡예사로도 있었으며, 한동안 지붕 이는 일도 했어요. 물론 수녀가 되려고도 했지요. 그야말로 백만 가지 일을 하는 팔방미인이죠. 어디 그뿐입니까? 뜨개바늘로 입술을 꿰맨 채 커피도 마시고요. 그리고 전설의 오토바이 스턴트맨 이블 크니블 아시죠? 그와 함께 그랜드캐니언도 뛰어넘었어요……

점입가경. 그녀의 능력에 대한 은유쯤으로 생각해 두는 편이 좋다. 캐서린은 리키 리 존스와의 불화, 음악적 매너리즘, 술과 담배, 코카인에 절어 있던 서른 살의 그를 '배짱 두둑한 남자'로

키운 일등공신이자, 그의 상상력에 날개를 달아 준 조력자인 것만은 틀림없다. 만약 1980년 이후 그의 음악에서 급격한 실험성과 불협화음, 뮤지컬적 요소와 타악 리듬의 원시성을 발견했다면 그것은 절대적으로 캐서린의 공이다.

원스톱 결혼 서비스

톰 웨이츠는 결혼하기로 맘먹은 새벽, 바로 존슨 목사에게 전화를 걸었다. LA 잉글우드의 맨체스터 대로에서 '언제나 영원한 당신의 웨딩채플'이라는 긴 이름의 예배당을 운영하고 있던 존슨 목사는 톰 웨이츠에게 전화를 받은 뒤 2시간 후인 새벽 2시에 주례를 선다. 당시 존슨 목사는 여러 지면에 이렇게 광고를 내고 있었다. "결혼허가증, 주례, 결혼사진, 꽃까지 포함한 예식비용이 단돈 49달러. 24시간 서비스."

파격적인 조건이 아닐 수 없다. 비용도 비용이지만 24시간 서비스라니. 종교와 장소, 시간에 관계없이 예식을 치를 수 있다는 말이다. 아닌 게 아니라 존슨 목사는 그를 원하는 곳이면 어디든 달려갔다. 레코드 가게, 모터사이클 클럽, 맨션 등 가리지 않고 출장 주례를 섰다. 그러나 뭐니 뭐니 해도 그의 가장 큰 고객은 감방의 죄수들이었다.

톰 웨이츠로서는 둘이 합하여 수중에 가진 돈이라고는 고작 70달러였는데, 이 돈으로도 결혼을 할 수 있다니 쌍수 들고 환영할 일이었다. 그가 "돈은 없었으나, 마음만큼은 부자였다."라고 회상하는 것도 무리는 아니다. 그러나 가장 큰 매력은 결혼 허가증을 즉석에서 수령해 사인을 받을 수 있는 점이었다.

미국은 혼인신고만 하면 법적으로 부부가 되는 나라가 아니다. 결혼을 하려면 절차가 복잡하다. 일단 결혼허가증 발급을 관청에 신청하여 수령해야 하고, 결혼 당일 주례의 사인을 받은 뒤 그 사본을 다시 관청에 제출해야 한다. 그 후, 한 달에서 두 달을 기다려 혼인증명서가 나오면 그제야 합법적인 부부가 된다. 그런데 결혼허가증을 발급받기도 쉽지 않다. 증명사진과 신분증은 기본이요, 어떤 주에서는 피검사에 성병검사까지 받아야 한다. 그것도 약 일주일의 의무 대기 기간을 거쳐야 한다. 그뿐인가. 허가증을 받은 뒤 정해진 기간 안에 결혼을 해야 한다. 까다로운 나라다. 미국이 이러한 복잡한 결혼제도를 도입한 이유는 20세기 초, 흑인과 동양인, 히스패닉 등 이민족과 백인 간의 결혼을 막아 미국 시민권을 발급받는 것을 규제하는 일종의 차별 제도를 만들었기 때문이다. 이 제도는 지금까지도 위력을 발휘하고 있다.

톰 웨이츠는 이런 복잡한 절차를 거치기에는 시간이 너무 없었다. 첫눈에 반한 마당에 절차는 무슨 얼어 죽을 절차일까. 톰 웨이츠가 살던 캘리포니아 주는 다행히 결혼허가증을 신청하고 기다리는 대기 기간이 없었다. 존슨 목사는 이 점을 적극 활용하여 아예 관청에서 결혼허가증을 미리 받아다가 결혼식 날 바로 사인을 해 주었던 것이다. 이재에 밝은 사람이다. 아마도 존슨 목사는 한 해에 15만 쌍이 결혼하는 도시 라스베이거스의 웨딩채플을 벤치마킹했을 것이다. 라스베이거스 역시 이러한 복잡한 절차를 간소화해서 '세계 결혼의 수도'라는 명성을 얻고 있었으니까.

영원한 저지 걸

그들은 새벽 2시에 '언제나 영원한 당신의 웨딩채플'에서 결혼식을 올렸다. 꽤 즉흥적으로 결혼을 했는데도, 30년 넘게 세 아이의 부모로서, 최고의 뮤지션 커플로서 승승장구하는 것을 보면 '한눈에 반했다'는 것이 때론 그 어떤 신중함보다 정확할 때가 있는 모양이다(이 둘은 이후 친구들을 불러 LA의 몰리 말론즈 클럽에서 또 한 번의 떠들썩한 결혼식을 올린다).

한편, 브루스 스프링스틴이 커버하여 더 유명해진 노래 '저지 걸'은 뉴저지 출신인 그의 아내 캐서린에게 바치는 노래였다. 막 사랑에 빠진 그는 이 노래에서 "더 이상 동네 양아치들하고 거리를 배회하며 놀 시간도 없고, 더 이상 80번가의 창녀들도 필요가 없"다고 노래한다. "오늘 밤은 그녀와 함께 보낼" 테니까 말이다. 그녀와 함께 "뉴저지 강을 건너 축제에서 진탕 놀고, 밤새 차를 타며 돌아다닐 생각에 토요일 밤은 꿈이 현실"로 이루어진 것이다.

톰 웨이츠와 캐서린은 연애할 때 종종 '길 잃기 게임'을 하곤 했다. 일단 차를 몰고 LA 일대를 돌아다니다 어느 마을에 들어서면 톰이 이렇게 외쳐 대는 것이다. "자기야! 여긴 내 손바닥이야. 길을 잃으려야 잃을 수가 없다고!" 그러면 캐서린은 단호하게 답한다. "오, 이런. 자기, 당장에 차 돌려요! 일단 왼쪽으로, 그렇지 거기서 오른쪽! 아니, 다시 왼쪽! 좋아요.""자기, 여긴 내가 모르는 동네군, 하하."

그들은 밤새 길을 잃을 때까지 차를 몰았다. 대로를 지나 고속도로를 타고, 빈민가를 거쳐, 인디언 마을에 당도할 때까지……. 코르덴바지만 입고 있어도 총에 맞아 죽는다는 그 인디언 마을까지 말이다.

음악적 동지, 길을 잃어야 새롭지

'길 잃기 게임'은 그들의 음악적 성향과 작업 스타일에도 그대로 반영되었다. 독특한 사운드와 다채로운 주제, 낯선 멜로디에 대한 천착은 그들의 '게임'과 닮은 구석이 있다. 낯선 것에 대한 욕망이 들끓는 커플이다. 그들은 〈스워드피시트럼본〉을 시작으로 지금까지 공동 작업을 이어 오고 있다. 그 첫 시작의 일화를 들어 보면, 캐서린의 여장부 기질이 퍽 감동스럽기까지 하다. 1980년대 초 당시 톰 웨이츠는 여섯 장의 앨범을 내긴 했지만, 금전적으로는 나아질 게 없었고, 음악적으로도 정체되어 있었다. 리키 리 존스와도 막 헤어진 즈음이었고, 매니저 허브 코헨과의 관계도 좋지 않았다. 대중음악 산업에도 신물이 났다. 그가 뉴욕으로 날아가 새 프로듀서를 찾아다닌 이유도 거기에 있었다. 바로 이때, 새색시 캐서린은 남편에게 말한

다. "까짓것 한바탕 해 버려요, 여보. 솔직히 저런 놈들 필요 없
잖아요? 당신이라면 혼자서도 충분히 음악할 수 있어요. 작곡,
편곡 모두 다 해 버려요. 실패하면 어떡하냐고요? 아, 당신 맘
대로 할 수 있는 자유를 얻었는데 그깟 실패가 대수예요?" 그
리고 마지막 이 한마디는 세상 모든 남편들에게 벅찬 감동을
선사한다. "당신이 집안에 뭘 가지고 오든, 저 그걸로 먹고살 수
있다고요. 너구리나 주머니쥐를 잡아 온다고 해도 걱정 말라니
까요!"

그 후 톰 웨이츠는 허브 코헨과 그의 오랜 프로듀서 본즈 하
우와 결별을 선언하고, 아일랜드 레코드사로 옮긴 뒤, 작곡, 편
곡 모두를 다 해낸 〈스워드피시트럼본〉을 발표한다. 전과는 확
연히 다른 음악 세계였다. 다양한 키보드와 낯선 타악기 등 여
러 종류의 악기들을 등장시키며, 전위적이면서도 웅장하고 블
루지한 음악을 선보이며 평론가들로부터 아낌없는 찬사를 받
았다. 캐서린은 바로 그의 뒤에서 프로듀싱을 맡았다. 이 앨범
은 그의 후반기 음악의 분수령이 되었다. 그의 음악을 '전기'와
'후기'로 나누는 것도 이 앨범이고, '어사일럼' 시기와 '아일랜드'
시기를 나누는 것도 이 앨범이며, '캐서린 브레넌 이전'과 '캐서
린 브레넌 이후'로 나누는 것도 이 앨범이다.

캐서린을 만난 후로 그는 음악적으로 자신만의 확고한 캐릭
터를 창조했다. 오죽하면 "그녀를 만나기 전에 썼던 노래들은
당최 들어 줄 수가 없다."라고 말할까. 그녀는 그의 열정에 불
을 지폈고, 톰 웨이츠는 자신의 목소리로 진정 할 수 있는 음악

허브 코헨과 결별 후, 아내 캐서린과 공동 작업한 첫 번째 앨범 〈스워드피시트럼본〉.

이 무엇인지 깨달았다. 그녀는 언제나 그를 독려했다. "왜 모든 곡에서 다른 소리를 내지 않느냐."라고. 하지만 이러한 캐서린의 배후에 톰 웨이츠의 타고난 목소리와 작사 능력, 멜로디 감각이 없으면 불가능했을 것이다. 그 위에 캐서린의 컬트적 감성과 독특한 리듬감이 톰 웨이츠를 자극한 것이다. 또한 '팔불출' 톰 웨이츠의 말처럼 "캐서린은 르네상스 화가 보쉬와 같은 대담한 상상력의 소유자"여서 꿈같은 가사를 쓴다지만, 이 역시 그의 탁월한 재담이 없으면 불가능한 일이다. 이만하면 천생연분이라 부를 만하지 않을까.

소리에 대한 편력, 칼리오페 에피소드

증기오르간의 유혹

1980년 이후 톰 웨이츠의 음악은 소리에 대한 천착의 역사라 해도 틀리지 않다. 칼리오페 이야기는 그의 후반기 음악을 단적으로 보여 주는 좋은 예다.

어느 날, 톰 웨이츠는 그레그 코헨에게서 한 통의 전화를 받았다. "형님, 좋은 물건 하나 있습니다." 톰 웨이츠는 특이한 악기들을 좋아해 이런저런 것들을 사 모으기로 유명했다. 스물일곱 장의 앨범을 내면서 세션하는 친구들과 함께 연주한 악기 수만 140여 가지가 넘었으니 상당한 악기 편력인 셈이다. 확성기로 노래를 부르는 것은 이미 진부해졌고, 브레이크드럼으로 벨 소리를 내거나 서랍 여닫는 소리를 샘플링으로 사용하기도 했다. 한번은 용접을 잘하는 이웃 에티엔느 씨가 '커넌드럼(conundrum, 수수께끼라는 뜻)'이라는 악기를 만들어 톰 웨이츠에게 선물한 적도 있다. 에티엔느는 오토바이에 자동차 모형 차체를 달아 축제에 나갈 만큼 손재주가 좋은 사람이었다. 커넌드럼은 자동차 휠이며 각종 고철들이 주렁주렁 매달려 있고, 특별한 음계도 없는 원초적인 타악기다. 이 악기가 낼 수 있는 소리 중 단연 으뜸은 교도소 철문이 닫히는 소리였다. 2002년 발표한 앨범 〈블러드 머니〉에 사용했던 악기 중에서는 스트로 바이올린이라는 것도 있었다. 특이하게도 바이올린에 확성 혼이 붙어 있다. 녹음 기술이 발달하지 않았던 20세기 초에 바이올린 소리도 증폭시키고 연주자도 소리를 더 잘 듣기 위해 고안된 것이다. 바이올린 특유의 부드러운 맛은 덜하지만 소리는 확실히 쩡쩡하다. 그는 '사운드의 연금술사'답게 언제나 새로운 소리를 찾아 동네 쓰레기장이나 벼룩시장, 고물상을 뒤지며 괜찮은 것들은 고쳐서 악기로 썼다.

그런 그가 좋은 물건이 있다는 코헨의 말에 귀가 번쩍 뜨인 것은 당연하다. 재즈 베이시스트이자 프로듀서인 그레그 코헨은 1979년부터 톰 웨이츠의 앨범 작업과 공연에 참여해 온 막역한 사이자, 아내 캐서린 브레넌의 여동생과 결혼한 동서지간이다. "칼리오페라는 증기오르간인데요. 아마 제가 사면 아내가 절 죽이려고 할 거예요. 차라리 처형이 형님을 죽이는 편이 낫지 않을까 해서요."

화통을 삶아 먹었나, 칼리오페?

톰 웨이츠의 주특기가 피아노인 만큼 그는 건반악기에 관심이 많았다. 그런데 칼리오페라니! 그는 음향 샘플러의 전신인 멜로트론이나 청명한 벨소리를 내는 셀레스테, 페달을 밟아 바람으로 소리를 내는 펌프오르간, 하모니움, 옵티건 등 여섯 종류의 오르간을 보유하고 있었지만 증기로 소리를 낸다는 칼리오페는 구경도 해 본 적이 없었다.

그의 오르간들은 특히 1980년대 이후 그의 음악에 색깔을 만들어 낸 수훈 갑이었다. 그중에서도 하몬드오르간이나 펌프오르간은 겹겹이 쌓인 음이 뭉글하고 퉁명스러워, 걸쭉한 톰 웨이츠의 목소리와 제법 잘 어울렸다. 모르긴 해도 칼리오페도 그와 궁합이 꼭 맞을 게 틀림없었다.

그는 당장에 전화번호를 받아 적었다. 전 주인이 보유하고 있는 것은 1929년산 '57휘슬' 칼리오페로 유머러스하면서도 음울한 소리를 동시에 내는 악기였다. 1855년 J. C. 스토다드라는 사람이 발명한 이 악기는 원래 교회에서 쓸 목적이었으나, 주로 서커스단이나 증기선 갑판에서 연주용으로 사용되었다. 회전목마를 타 본 사람이라면 한 번쯤 들어 본 평화로운 소리다. 물론 실제로 들으면 목마 위에서처럼 평화롭지만은 않다. 우선 이 악기는 볼륨이 없고, 각 건반을 누를 때마다 거기에 해당하는 휘슬이 기적 소리를 내며 하얀 증기를 뿜어 댄다. 톰 웨이츠 표현대로라면 "귀에서 피 쏟아지는 소음이다." 증기란

화통에 석탄이나 장작을 넣어 발생한 열로 만드는 것 아닌가. 그렇다면 문자 그대로 '화통 삶아 먹은 소리'라 해도 반기 들 사람은 없을 것이다. 더구나 초창기에는 건반이 뜨거워 장갑을 끼고 연주를 해야 했다. 하지만 칼리오페 소리는 습기를 담뿍 먹은 따뜻한 피리 소리 같으면서도 기세 좋은 오르간 소리를 함께 품고 있다. 서커스단 마차 위에서 춤추는 피에로의 모습이 가장 잘 연상되는 건 그런 이유에서다.

비명을 질러도 소용없지

톰 웨이츠는 처음 칼리오페를 연주했을 때 감회에 젖었다.

"'칼리오페 연주자한테는 딸도 주지 말라'는 속담이 있어요. 그 사람들 좀 얼이 빠져 있거든요. 왜냐하면 소리가 거의 폭발적입니다. 백파이프는 명함도 못 내밀죠. 옛날에는, 마을에 서커스단이 도착하면 그거 알리려고 칼리오페를 연주했대요. 그소릴 십 리 밖에서도 또박또박 들을 수 있었답니다. 오르간 소리가 십 리 밖에서 들린다고 상상해 보세요. 그게 지금 바로 옆에 있다고 생각해 봐요. 그것도 스튜디오 안에……. 피아노 치듯이 연주하면, 금세 얼굴 벌게질걸요. 머리칼은 쭈뼛쭈뼛 서고 땀으로 범벅이 되죠. 비명을 질러도 아무도 못 들어요. 제가 살아오면서 이렇게 속 뒤집히는 음악적 경험은 처음입니다. 연주가 끝나면 병원에 가야 할 것 같은 느낌이랄까. '의사 선생, 칼리오페로 몇 곡 연주 좀 했거든요. 심장이나 제대로 뛰고 있

1874년 칼리오페 서커스단 홍보 포스터.
톰 웨이츠는 명물이 된 이 악기를 구해 와 음악에 사용했다.

는지 좀 봐 주쇼.'"

그는 이 악기가 있다는 아이오와 주까지 가서 2,000달러를 주고 트레일러로 실어 왔다. 아이오와 주는 톰 웨이츠가 사는 캘리포니아 주에서 약 3,000킬로미터 떨어져 있고, 자동차로는 꼬박 27시간이 걸린다. 칼리오페는 차로 옮겨 싣는 데만 장정 여섯이 붙을 만큼 무게 또한 엄청났다.

칼리오페 연주자들은 아이오와 주에 공동체를 이루며 살고 있었다. 그들은 굉장히 무뚝뚝하고 심술궂은 사람들이었다. 칼리오페에 대해서 잘 모르면 상종도 하지 않을 만큼 자존심도 굉장했다. 톰 웨이츠가 '휘슬'을 '파이프'라고 잘못 말하자 칼리오페 사내가 당장에 전화를 끊어 버렸을 정도다. 휘슬은 증기를 뿜으며 소리를 내는데, 칼리오페의 위용은 바로 휘슬에서 나왔으니 이 악기의 상징과도 같다. 연주자들의 애착과 자부심을 이해하지 못할 바도 아니다.

앞서 말했지만 칼리오페는 서커스단과 증기선에서 주로 사용했다. 보통 증기선에서 사용한 칼리오페는 '32휘슬', 즉 서른 두 개의 휘슬이 달린 것이 일반적이었다. 그중 미시시피 퀸 호 (1975~2008년 운항)라는 유명한 증기유람선의 '44휘슬' 칼리오페가 가장 컸다. 그런데 톰 웨이츠가 구한 칼리오페는 80년 전 서커스단에서 쓰던 '57휘슬'이었으니 대어를 낚은 셈이다!

톰 웨이츠는 칼리오페를 가지고 오면서 그들이 "왜 아이오와 주에 모여 살고 있는지 모르겠다."라고 박학다식한 그답지 않게 고개를 갸우뚱했다. 그것은 아마도 아이오와 주를 관류하는 미시시피 강의 수많은 증기선 때문은 아니었을까.

증기선, 미시시피 강의 추억

미시시피 강은 6,210킬로미터로, 세계에서 세 번째로 가장 긴 강이자 첫 번째로 굴곡이 심한 강이다. 미국 문학의 아버지 마크 트웨인의 말대로라면 "까마귀가 똑바로 날면 1,000킬로미터인 거리를, 2,000킬로미터나 길게 구불거리는" 미시시피 강은 증기선이 항해할 수 있는 54개의 지류와 거룻배가 항해하기 좋은 수백 개의 하류가 있다. 19세기 말까지만 해도 약 1만여 척의 증기선들이 그 강을 오갔고, 여객 수송은 물론 목화와

설탕, 곡류 등을 실어 나르며 미국 중부의 경제를 책임졌다. 비록 미국 전역에 철도가 깔리면서 자취를 감추었지만, 이후에는 주로 유람선이나 쇼보트(showboat)로 명맥을 유지했다. 그중 1927년부터 2008년까지 운항한 유람선의 전설 델타 퀸 호 같은 대형 기선은 '외륜을 단 궁전'이라고 불릴 만큼 호텔 못지않은 시설을 자랑했다.

칼리오페는 바로 이러한 증기 여객선, 그중에서도 공연과 음악을 즐기는 쇼보트의 선상에서 승객들의 '유흥'을 위해 사용되었다. 1920년대 페이트 매러블이라는 사람은 쇼보트에서 악단을 이끌며 피아노와 칼리오페를 연주한 것으로 유명하다. 쇼보트의 악단은 재즈 초기 역사에서도 매우 중요해서, 루이 암스트롱이나 킹 올리버, 래드 앨런 같은 전설적인 재즈 뮤지션들이 바로 페이트 매러블 악단을 거쳐 재즈를 발전시켰다. 증기선은 서커스단과 달리 동력을 전달하고 남는 증기로 칼리오페를 연주하기 때문에 별도의 장치가 필요 없었다. 그러니 칼리오페가 '옵션'으로 달린 증기 유람선은 수많은 악단과 연주자들에게 연습의 장이자 창작의 보고였던 셈이다.

한때는 이 유역에 증기선의 수만큼이나 칼리오페의 수도 넘쳐났다. 약 9,000개가 넘는 칼리오페가 있었으니 그만큼 연주하는 사람의 수도 많았다는 이야기다. 톰 웨이츠가 칼리오페를 차로 실어 온 곳이 바로 그 옛날 미시시피 강 위로 수많은 증기선이 오르내리던 아이오와 주였다. 칼리오페 연주자들의 마을 하나쯤 있지 않은 것이 오히려 이상했던 것이다.

톰 웨이츠는 칼리오페를 가지고 왔지만 당연히 성한 악기가 아니었다. 결국 수리를 해야 했다. 하지만 온갖 '파이프'와 호스로 뒤엉킨 이 괴물 악기를 수리하는 것보다, 차라리 중고차 한 대를 수리하는 편이 나았다. 그런데도 지금은 그 유명했던 델타 퀸 호도 수명을 다하여 수상호텔로 바뀌어 버린 마당에, 증기가 없으면 무용지물인 '팥소 없는 찐빵' 신세로 전락한 칼리오페가 수십 년 만에 톰 웨이츠의 구제를 받아 소리를 내었으니 감개무량한 일이 아닌가. 톰 웨이츠도 한 인터뷰에서 이 악기가 대중음악에 많이 쓰였으면 좋겠다고 했지만 본인이 이 악기에 들였던 품을 생각하면 그저 심술에 불과하다.

귀소본능도 경계하기

당연한 말이지만 톰 웨이츠의 칼리오페에서 증기선의 익살맞은 칼리오페를 기대해서는 안 된다. 모든 악기가 톰 웨이츠를 관통하면 '톰 웨이츠'화되기 때문이다. 〈블러드 머니〉 앨범에서 그는 드디어 칼리오페를 들고 나타났다. 칼리오페로 세 곡을 연주했고 그중 아예 '칼리오페(Calliope)'라는 제목으로 연주곡까지 만들었다. 왕복 6,000킬로미터를 옮겨 온 스스로의 노고에 대한 치하랄까. 80년 만에 부활한 악기에 대한 헌사랄까. 역시 이 음악에서 그는 트럼펫과 토이 피아노와 함께 음울하고 나른하며 때로는 기괴스러운 연주를 들려준다. 하지만 마음껏 자신의 스타일로 연주한다. 그래서인지 곡 끄트머리에 등장하는 톰 웨이츠의 익살스러운 웃음에는 소리에 대한 열망이 고스란히 농축되어 있다. 소리에 대한 편력은 상투성과 관성을 경계하기 때문이다. 그가 한동안 피아노를 '끊은' 것도 "손가락들이 늙은 개처럼 항상 똑같은 곳으로 되돌아"왔기 때문이었다. 귀소본능마저도 경계할 관성으로 생각해야 하는 것이 예술가의 천형인 것일까.

뮤지컬 이어스

만남, 극 vs 극

톰 웨이츠의 음악 세계에서 빼놓지 말아야 할 것은 뮤지컬이
다. 뮤지컬은 노래하는 송라이터에서 작곡가로 거듭나는 계기
가 되었다. 서로 다른 성향의 예술가와의 만남이 그의 음악적
완성도를 견고하게 다져 주었는데, 바로 로버트 윌슨과의 만남
이었다. 로버트 윌슨이 현대연극계의 미니멀리스트라면, 톰 웨
이츠는 대중음악계의 맥시멀리스트다. 로버트 윌슨은 강박적일
만큼 절제된 무대장치와 소품으로 강렬한 이미지 연극을 만들
어 내는 반면, 톰 웨이츠는 온갖 수다스러운 악기들과 전위적
인 목소리로 원초적인 음악을 만들어 낸다. 그러나 상극처럼

보이는 이 둘이 만나 성공적인 세 편의 작품을 탄생시켰다. 둘이 함께 작업한 뮤지컬 〈블랙 라이더〉 〈앨리스〉 〈보이체크〉는 톰 웨이츠의 뮤지컬 삼부작으로도 불린다.

하지만 그들이 처음부터 손뼉을 마주치며 소리를 낸 것은 아니었다. 로버트 윌슨은 미니멀리즘 작곡가 필립 글래스, 벨벳 언더그라운드의 전 멤버 루 리드, 그리고 『타인의 고통』 『해석에 반대한다』로 유명한 비평가 수전 손택에 이르기까지 내로라하는 거물급 예술가들과 작업을 해 온 잘나가는 극연출가였다. 하지만 1980년대 초 톰 웨이츠는 아홉 장의 정규 앨범을 내고도 유명세를 치르기는커녕, 매니저 잘못 만나 돈 한 푼 못 번 뮤지션에 불과했다.

그해 겨울은 우울했네

1984년 겨울, LA를 떠나 뉴욕에서 정착하기로 마음먹은 톰 웨이츠 부부의 삶은 그리 녹록치 않았다. 그가 뉴욕으로 적을 옮긴 이유는 새로 둥지를 튼 아일랜드 레코드가 동부에 있고, 캐서린의 친정집이 뉴욕 근처에 있기 때문이기도 했지만, 새로 구상 중이던 뮤지컬 〈프랭크 와일드 이어〉가 LA보다는 브로드웨이에서 더 많은 기회를 얻을 수 있지 않을까 하는 생각 때문이었다. 무엇을 하든 큰물에서 놀아야 하는 법이다. 결과적으로 그들은 큰물에서 놀기를 잘했다. "그때 우리는 지속적인 혼란 상태였다고나 할까. 아이는 이미 둘이었고, 뉴욕에 머무르는

2년 동안 무려 열두 곳의 거처를 전전해야 했지." 그들은 LA를 떠나 '어사일럼' 시절의 상처를 딛고 새로운 돌파구를 찾기 위해 뉴욕을 배회하고 있었다.

뮤지컬을 무대에 올리려는 톰 웨이츠의 생각이 뜬금없는 것은 아니었다. 그는 데뷔 때부터 연기와 영화에 관심이 많았는데, 결정적으로 〈록키〉의 실베스터 스탤론이 불을 지폈다. 스탤론은 트루버도어 클럽에서 노래 부르던 그를 보고, 자신이 감독할 영화 〈파라다이스 앨리〉에 영화음악과 함께 피아니스트 역으로 출연해 줄 것을 제의했다. 영화는 비평가들로부터 혹평을 받으며 흥행에도 참패했지만, 이것을 계기로 '필' 받은 그는 서너 편의 영화에 더 출연한다.

그는 내친 김에 폴 햄턴이라는 송라이터와 함께 '왜 꿈은 이루어지는 것보다 꿈꾸는 게 더 달콤할까?'라는 제목의 각본을 썼다. 비록 영화로는 빛을 보지 못했지만, 이 각본은 몇 년 뒤 아내 캐서린과 함께 만든 뮤지컬 〈프랭크 와일드 이어〉의 원안이 된다. 하지만 마땅한 연출자를 찾지 못했던 톰 웨이츠는 어느 날 아내와 함께 이미지 연극의 대가 로버트 윌슨의 〈해변의 아인슈타인〉을 관람하고 난 뒤 한달음에 그에게 달려갔다.

연극계의 뒤샹, 로버트 윌슨

"거의 일주일 동안 정신을 차릴 수가 없었지. 그의 무대 이미지는 백태 벗겨 내듯 내 눈과 귀를 틔게 했으니까." 〈해변의 아인슈타인〉은 그에게 충격적인 작품이었다. 로버트 윌슨이 연출하고 필립 글래스가 음악을 담당한 이 작품은 특별한 스토리나 사건, 플롯이나 논리도 없는 반복적인 패턴의 연속이었다. 배우의 움직임이나 대사도 단순하고 음악 역시 반복적이었다. 안무도 즉흥적인 듯했다. 언어보다는 시각적인 표현이 앞섰고, 무용과 오페라, 회화가 버무려진 거대한 콜라주를 연상시켰다. 가사 하나에도 완결된 서사와 시적 은유를 내포하는 이야기꾼 톰 웨이츠에게는 충격일 수밖에 없다. 아내 캐서린은 당신이 꼭 만나야 할 사람이라며 부추겼다. 그가 〈프랭크 와일드 이어〉의 연출을 맡는다면 정말 환상적인 작품이 탄생할 것 같았다. 그러나 그는 보기 좋게 퇴짜를 맞았다.

"2009년쯤에나 가능할지 모르겠군요." 윌슨의 답이었다. 25년 뒤에나 가능하다고? 예상 못한 바는 아니다. 로버트 윌슨이 누구인가? 뉴욕의 아방가르드 연극을 이끈 당대 최고의 극 연출가다. 〈해변의 아인슈타인〉은 「뉴욕 타임스」가 '20세기 최고의 작품'으로 선정하기도 했으며, 로버트 윌슨은 연극뿐 아니라 영화, 비디오아트, 그림에 이르기까지 다양한 분야에서 작품 활동을 해 온 '종합예술인'이었다. 이러한 경력은 고스란히 무대 위에 재현되어 현대연극계를 호령하기에 이르렀다. 그가 세계 연극계의 거물이라는 것은 한국과의 인연에서도 확인할 수 있다. 1999년 제1회 서울연극제 때 〈바다의 여인〉이 개막작으로 초청된 적이 있다. 윤석화, 장두이, 김철리 등 내로라하는 국내 정상급 배우들이 오디션까지 치렀지만, 로버트 윌슨은 공연장 조건 미비로 연출을 거부했고 공연이 취소되는 소동이 벌어졌다. 수모를 당한 주최 측은 심기일전하여 이듬해에 다시 그를 초청했고, 〈바다의 여인〉은 겨우 개막작으로 공연되었다.

말로 해야 알아듣나

그러나 관객들이 로버트 윌슨의 작품을 따라가는 건 쉽지만은 않다. 〈해변의 아인슈타인〉은 공연 시간만 해도 5시간이 넘는다. 〈귀머거리의 응시〉는 8시간, 〈스탈린의 삶과 시간〉은 꼭 12시간이다. 이란의 쉬라즈 축제를 위해 마련된 〈카산서곡〉은 일주일 밤낮으로 공연했다. 〈귀머거리의 응시〉에서는 종이 거북이가 무대를 가로질러 가는 데 1시간이 걸리고, 한 여배우가 컵을 입에 가져가는 데 1시간 반이 걸린다.

뒤샹이 변기를 들고 전시장에 나타나 "꼭 그림을 그려야 미술이냐?"라고 했던 것처럼, 그리고 존 케이지가 4분 33초 동안 피아노 앞에 묵묵히 앉아 있다가 조용히 무대를 퇴장하면서 "꼭 악기를 연주해야 음악이냐?"라고 했던 것처럼, 로버트 윌슨도 자신의 공연에 대해 "꼭 이야기가 있어야 연극이냐?"라며 반문했다. "이미 관객은 마음속에 이야기를 갖고 들어오잖아요. 그렇기 때문에 어떤 연극적 이벤트도 창조할 수 있는 거지요." '열린 텍스트'로서의 연극을 선언한 셈이다. 그는 기존의 모든 연극적 요소에 반기를 들며 관념을 뒤집었다. 익숙하다 싶으면 낯설게 했다. 톰 웨이츠가 '개안(開眼)'했다는 말은 우스갯소리

가 아니었다. 존 케이지가 음악계의 뒤샹이라면, 로버트 윌슨은
연극계의 뒤샹이었다.

톰 웨이츠가 변했어요

로버트 윌슨이 끊임없이 해체하고 버리는 동안, 톰 웨이츠
는 악착같이 덧붙이고 그러모았다. 둘의 공통점이라면 극으로
치닫는 실험성뿐이다. 톰 웨이츠는 1980년대를 거치면서 아내
캐서린과 〈스워드피시트럼본〉 〈레인 독〉 〈프랭크 와일드 이어〉
(뮤지컬 초연 후 1년 뒤인 1987년 발매한 동명 앨범) 등을 통해 형식에
서 파격을 감행하며 전위적인 색채를 띠어 갔다. 1980년 이전
의 모든 형식은 '기를 쓰고' 버렸다. 가장 큰 변화는 광범위하고
집요한 소리에 대한 열정이었다. 고색창연했다. 60년 전 미시시
피 강 유람선에서나 볼 수 있던 증기오르간 칼리오페나 인도네
시아의 포도알만 한 말린 콩으로 만든 체명악기 시드팟, 확성
기 달린 스트로 바이올린 그리고 자동차 브레이크 실린더에서
떼어 낸 브레이크드럼과 각종 고철을 매달아 치는 커넌드럼 등
그의 음악들은 소리의 박물관이라 해도 좋았다. "판에 박힌 음
악을 만들어 내지 않는 소리라면 다 좋다."라는 말처럼 그는 세
상 모든 물건에 잠재된 악기의 본성을 깨웠다. 캐서린과의 첫
작품 〈스워드피시트럼본〉에서부터 철제 의자를 스튜디오 바닥
에 끌거나, 서로 다른 크기의 각목을 맞부딪치는 등의 실험을
해 나갔다.

곡의 형식은 A-B-A-B의 반복되는 구성이 많았는데, 이는 가사 전달에는 가장 효율적이었다. 포크와 컨트리, 블루스와 재즈에 기반을 둔 서정적인 멜로디는 점점 웅숭깊어졌고, 반대로 멜로디를 받치는 악기의 불협화음은 두드러졌다. 리듬과 박자는 무뚝뚝하고 불친절하며 건조한 느낌으로 원시성을 최대한 끄집어냈다. 단순한 곡 구성과 서정적 멜로디는 불협화음과 건조한 세션이 만나, 극한의 서정과 극한의 전위를 오르내리는 '날것'의 느낌을 최대한 살려 주었다.

톰 웨이츠 인 뉴욕

톰 웨이츠 음악은 비트 세대라는 비옥한 땅에 '사상적 뿌리'를 내렸지만 '형식적 뿌리'는 뉴욕이라는 공간에 있다.

아내 캐서린이라는 인물 자체가 톰 웨이츠 음악의 잠재된 그로테스크함을 끄집어낼 만큼 아방가르드한 면모를 지니기도 했지만, 실험정신으로 불타던 때에 뉴욕에서 만난 친구들은 그의 음악을 더욱 견고하게 받쳐 주었다. LA에 척 E. 웨이스와 리키 리 존스라는 '뒷골목' 친구들이 있었다면, 뉴욕에는 아방가르드 재즈 색소포니스트 존 루리와 프리재즈부터 큐반 뮤직까지 다양한 스타일을 소화해 내는 만능 기타리스트 마크 리봇, 그리고 인디영화의 형님 짐 자무시가 있었다. 이들은 공교롭게 한 장소에서 굴비처럼 한 두름에 엮인 사이다. 1984년 바스키아와 절친했던 존 루리는 뉴욕의 한 클럽에서 바스키아 전시

축하공연 파티를 열었다. 이 파티에는 팝아트의 거장 앤디 워홀을 비롯하여, 현대 사진의 아버지라 불리는 로버트 프랭크, 〈베를린 천사의 시〉의 감독 빔 벤더스 등 뉴욕을 근거지로 활동하는 30여 명의 메가톤급 예술가들이 모여들었다. 앤디 워홀도 자신의 일기장에서 '내 생애 최고의 파티'라고 극찬했다. 이 파티에 참석한 톰 웨이츠는 서로의 궁합을 확인한 뒤 이듬해 그의 최고 명반으로 손꼽히는 앨범 〈레인 독〉에서 이들을 모두 앨범 작업에 참여시키는 인맥술을 발휘했다. 마크 리봇이 기타를, 존 루리가 색소폰을, 그리고 로버트 프랭크가 앨범의 뒤 재킷 사진을 찍은 것이다.

특히 존 루리가 이끄는 라운지 리자드의 기타리스트였던 마크 리봇은 톰 웨이츠의 실험적 성향에 딱 맞았다. 톰 웨이츠는 "이 친구는 기타에 전기계측기를 물리기도 하고, 은박 포일과 트랜지스터로 만든 스틱으로 기타를 치는가 하면, 기타 줄에다 껌을 붙이질 않나, 정말 사운드의 끝을 보여 준다."라면서 기타를 궁극의 모험 세계로 이끈 인물로 추켜세웠다. 마크 리봇은 〈레인 독〉을 시작으로 지금까지 20년 넘게 그와 함께 작업해 오고 있는 톰 웨이츠 사운드의 키 플레이어다.

짐 자무시 역시 톰 웨이츠, 존 루리, 리처드 보스와 함께 '리마빈의 아들들 인터내셔널'이라는 비밀결사를 조직하며 우정을 과시했다. 이 조직에 대해서는 짐 자무시도 말을 아꼈지만 한 가지, 회원이 되기 위한 전제 조건은 '긴 얼굴'이라며 귀띔했다. 이처럼 개성 강한 친구들의 마이너리티한 성향 덕에 톰 웨

2004년 〈블랙 라이더〉의 런던 공연 리허설 장면. 가부키 스타일로 분장한
배우들과 로버트 윌슨이 그린 표현주의적 무대 배경이 눈에 띈다. © Ralf Brinkhoff

이츠의 음악적 역량은 더욱 탄력을 받기 시작했다.

윌슨, 웨이츠에게 손 내밀다

차근차근 자신의 내공을 쌓아 가던 톰 웨이츠에게 먼저 손
을 내민 것은 다름 아닌 로버트 윌슨이었다. 1990년, 칼 마리
아 폰 베버의 오페라 〈마탄의 사수〉를 원작으로 한 〈블랙 라이
더〉를 함께 해 보자고 제안한 것이다. 무려 21년을 앞당긴(?) 스
케줄이었다. 한 번의 굴욕을 경험한 톰 웨이츠로서는 어깨에
힘 들어갈 일이다.

"처음에 톰이 나를 찾아왔을 때는 정확히 그가 뭘 하는 사

람인지 몰랐어요. 그런데 그의 피아노 연주를 듣고 정신이 번쩍 들더라고요. 뭐랄까. 웃기면서도 슬프고, 고상하면서도 우아하다고나 할까요." 처음에 로버트 윌슨은 톰 웨이츠를 전혀 알지 못했다. 그러나 1980년대를 관통하며 이루어 낸 톰 웨이츠의 음악적 공과를 그도 피해 갈 수 없었다. 수많은 대가들과 공동작업을 해 온 윌슨은 비로소 독특한 음악 세계를 구축해 가는 톰 웨이츠에게 관심을 보인 것이다. 이제 같은 물에서 놀아도 되겠다는 나름의 검증 절차를 통과한 것이었을까.

플러스알파, 윌리엄 버로스 경

그들의 첫 작품 〈블랙 라이더〉는 성공을 예측할 수 없는 요소들이 많았다. 일단 로버트 윌슨과 톰 웨이츠의 조합이었다. 그들의 예술적 취향은 양극단에 놓여 있었다. 여기에 성공을 더욱 불투명하게 한 조합이 있었으니, 각본을 맡은 윌리엄 버로스였다. 윌리엄 버로스는 잭 케루악, 앨런 긴스버그, 찰스 부코우스키와 함께 1950~1960년대 미국 비트 문학을 이끈 전설적인 작가 중 하나다. 톰 웨이츠 입장에서야 그들의 사상을 탐닉하고, 그들의 문학을 자양분 삼아 자신의 음악적 토대를 다진 터라, 버로스와 함께 작업을 한다는 것 자체만으로도 영광이다. 더구나 그는 당시 77세였기 때문에 이런 기회가 또 온다는 보장이 없었다(버로스는 7년 뒤인 1997년 83세의 나이로 별세했다). 젊은 시절 15년 동안 마약중독자로 살았던 윌리엄 버로스는 환각적 체험을 바탕으로 『정키』 『네이키드 런치』 등을 발표하면서 혁신적 소설기법이라는 찬사와 함께 일약 비트 문학의 대표주자로 떠올랐다. 마약과 섹스, 동성애, 그리고 폭발하는 젊음으로 대변된 비트 세대에게 있어 윌리엄 버로스의 작품은 교과서와도 같았다.

바꿔 말하면, 전무후무한 당대 최고의 아방가르드 예술가 세 명이 만났기에 기대할 만한 조합이라는 이야기도 된다. 로버트 윌슨 역시 "우리가 서로 다르다는 것을 알기 때문에 더 매력적"인 작업이라고 말했다. 캔자스에서 말년을 보내던 버로스는 집에서 대본을 쓰는 족족 그들에게 보내왔는데, 그답게 잘라 붙이기 기법(cut-up method)을 이용해 맥락 없는 이야기들을 생각난 듯 보내왔다. 그 끊어진 이야기를 극작가 한 명이 편집하고 자르고 붙여서 모두 제자리에 끼워 맞춰 나갔다.

마탄의 사수 비틀기

버로스는 원작의 결론을 살짝 비틀었다. 원작은 이렇다. 숲지기 쿠노는 사냥꾼 막스(〈블랙 라이더〉에서는 빌헬름)가 사격 대회에서 우승하여 딸 아가테와 결혼하길 바라지만, 막스는 사격 실력이 없다. 결국 막스는 나쁜 친구 카스파의 사주로 악마에게 영혼을 팔고, 눈 감고 겨냥해도 다 맞히는 마탄 7발을 받는다. 악마의 음모로 7발 중 1발은 아가테를 맞히게 되어 있었지만, 막스는 은자의 도움으로 아가테를 피해 카스파를 맞히고, 이 둘은 결혼에 골인한다. 그러나 버로스는 막스가 카스파 대신 신부가 될 아가테를 맞혀 죽이고, 그 충격으로 미치광이가 되어 다른 미치광이들과 함께 카니발 열차를 타고 떠나는 것으로 끝맺는다. 버로스는 원작의 엄격함을 깨고 온갖 암시와 메타포를 버무리며, 특유의 블랙코미디와 미국적 정서를 심어 놓았다. 버로스는 숲지기 쿠노의 입을 빌려 말한다. "막스가 마탄을 가진 것은 마리화나에 중독되듯 악마의 길로 가는 지름길이었어."

톰 웨이츠 역시 버로스는 "이야기의 곁가지마다 우리 삶 속의 수많은 은유를 피워 냈다."라면서 "막스와 악마의 거래는 결국 우리 자신의 모습"이라고 덧붙였다.

가수에서 작곡가로

한편 로버트 윌슨은 독일 표현주의에 대한 오마주라 해도 좋을 만큼 표현주의적 화풍의 그림을 무대 배경으로 직접 그렸고, 일본 가부키 스타일의 배우 화장이나 무성영화에서나 볼 수 있는 과장된 제스처를 통해 윌리엄 버로스의 블랙코미디적 요소를 효과적으로 부각시켰다. 톰 웨이츠는 윌슨의 무대 이미지와 버로스의 각본에 맞춰 멜로디와 가사를 입혀 나갔다. 톰 웨이츠에게는 개인 작업에 국한되었던 것에서 한 발 더 나아간 작곡가로서의 도전이기도 했다. 지금까지는 자신의 목소리로 자신이 작곡한 곡을 불렀다면, 이제는 자신이 작곡한 곡을 배우들이 불러야 했고, 이 곡은 각본과 무대 이미지 전체를 아울러 한 음악 안에 녹여야 했다.

이 세 미국인 예술가의 공동작품은 1991년 미국이 아닌 독일에서 영어 가사와 독어 대사로 초연됐다. 재미있는 것은 이들의 작품이 대부분 유럽의 독일을 중심으로 네덜란드, 오스트리아, 덴마크, 핀란드 등지에서 호평을 받으

윌리엄 버로스와 로버트 윌스, 톰 웨이츠.
폭발하는 아우라. © Ralf Brinkhoff

며 100여 회가 넘게 공연되는 동안, 미국에서는 단 세 차례 공연되었다는 점이다. 독일 민담에서 유래된 〈마탄의 사수〉를 각색한 만큼 독일에서 더 큰 호응을 얻은 탓도 있지만, 로버트 윌슨과 톰 웨이츠의 예술 정서 자체가 '팝'적인 것을 선호하는 미국보다는 마이너리티한 성향을 '우대'하는 유럽에 부합되는 것인지도 모른다. 〈블랙 라이더〉는 현재 1990년대 유럽 연극사를 이야기할 때 빠져서는 안 될 주요 작품으로 거론되고 있다. 반면 미국에서는 2004년에야 영어 대사 버전으로 공연되었다. 이 공연에서 톰 웨이츠는 지하철 역사에서 연주하는 길거리 악사들과 엘리트 코스를 밟은 베를린필하모닉 오케스트라 단원

들로 구성된 악단을 꾸려 또 한 번의 실험을 감행했다.

〈블랙 라이더〉의 성공에 힘입어 톰 웨이츠와 로버트 윌슨 '듀오'는 루이스 캐럴의 『이상한 나라의 앨리스』와 『거울 나라의 앨리스』를 각색한 〈앨리스〉와, 24세에 요절한 19세기 독일의 천재 극작가 게오르그 뷔히너의 『보이체크』를 각색한 〈보이체크〉를 잇따라 선보였다. 〈앨리스〉는 크게 주목받지 못했으나, 〈보이체크〉는 여러 예술가들이 다양한 채널로 재해석해 온 만큼 웨이츠와 윌슨의 각색 역시 큰 주목을 받으며 세계 곳곳에서 꾸준히 공연되고 있다.

퇴짜를 놓은 로버트 윌슨과 결국 뮤지컬 공동으로 작업했고, 사상적 뿌리인 비트 문학의 거장 윌리엄 버로스와 작업하는 영광을 누린 톰 웨이츠. 시류를 좇기보다 시류의 반보 앞에 서려 했던 의지가 밥 딜런을 추종했던 포크 가수에서 작곡가의 반열에까지 오르게 한 힘일 것이다.

'나'에서 세계로

이-팔 분쟁의 한복판으로

한 부모 아래서 자란 톰 웨이츠는 밥 딜런의 노래를 따라 부르며 포크 가수를 꿈꾸었고, LA 일대 술집을 전전하며 노래를 불렀다. 그의 노래에는 그러한 젊은 시절의 방랑과 사랑의 아픔이 곳곳에 배어 있다. 허브 코헨과의 악연으로 이러한 초기 곡들은 더 이상 그의 소유가 아니었지만, '평강공주' 캐서린을 만난 뒤, 그는 또 다른 음악 인생을 살았다. 청년에서 중년으로, 중년에서 말년(그에겐 결코 말년이 아니다)으로 넘어가는 동안 그의 주제도 '나'에서 벗어나 더 넓은 세상을 바라보게 된다. 가족과 친구, 정치와 환경문제, 그리고 전쟁을 이야기하기 시작한 것이다.

앨범 〈오펀스〉에 실린 '로드 투 피스'를 음미해 보면 그가 세상에 대한 촉수를 어떻게 넓혀 가고 있는지 알 수 있다. 이 노래는 이스라엘-팔레스타인 분쟁에 대한 가슴 아픈 이야기를 다루고 있다. 이-팔 지역은 종교와 민족 분쟁, 강대국의 이권 다툼이 빚어 낸 저주의 땅이다. 이스라엘의 봉쇄와 팔레스타인의 자살 폭탄 테러가 무려 50년 넘게 순환하며 이어지고 있으니 무슨 말이 필요하랴. 두 지역의 젊은이를 주인공으로 한 소설 『가자에 띄운 편지』에서는 아버지가 주인공 탈에게 이 복잡미묘한 역사적 상황을 잘 설명해 주고 있다.

그땐 유대인이든 기독교인이든 무슬림이든 전혀 개의치 않았어. 이곳에서 수천 명의 용맹하고 독실한 사람들이 세 종교의 성지들을 보살폈단다. …… 시대가 바뀌어 근대로 접어들면서 유대인들이 선조들의 땅으로 되돌아오려 하자 이 도시엔 대립이 시작되었어. 유대인들은 자신들이 3,000년 전에 그 누구보다도 먼저 여기서 살았으며, 그건 성서에도 쓰여 있다고 주장했지. 그러자 무슬림들도 맞서 주장했어. 자신들은 1,300년 동안 이곳에서 살아왔으며, 그게 아무것도 아니라고는 할 수 없지 않느냐고. 그러자 기독교인들도 놓칠세라 말했지. 예수가 여기서 죽었고, 다시 강림한다면 누군가가 남아서 예수를 맞이해야 한다고.

축복의 땅을 사이에 두고 유대인과 무슬림과 기독교인들이 서로가 자신의 성전임을 주장하며 비극의 역사는 시작되었다. 이러한 대립의 날을 세우는 동안 이 지역은, 언제나 구급차 소리와 분노로 들끓는 사람들의 함성, 헬리콥터 소리와 폭음이 그칠 날 없는 첨예한 분쟁 지역으로 변해 간다.

평화로 가는 길

보복과 증오, 공포의 피곤한 일상이 반복되는 예루살렘에서, 2003년 6월과 9월 비슷한 시기에 두 건의 자살 폭탄 테러가 발생한다. 그중 9월 9일 발생한 사건을 모티프로 한 작품이 발레리 제나티의 소설 『가자에 띄운 편지』이며, 같은 해 세 달 앞서 6월 11일 일어난 자살 폭탄 테러를 소재로 한 노래가 톰 웨이츠의 '로드 투 피스'다. 팔레스타인 무장단체 하마스의 자살 폭탄 테러와 이스라엘의 보복공격은 뉴스에서 흔히 보도되는 도식화된 구도지만, 『가자에 띄운 편지』나 '로드 투 피스'는 우리가 들여다보기 힘든 그들만의 상처와 역사의 아이러니를 잠시나마 다른 관점에서 환기시킨다.

『가자에 띄운 편지』에서 열일곱 살 이스라엘 소녀와 스무 살 팔레스타인 청년이 주고받는 이메일은, 호기심과 경계심의 아슬아슬한 긴장의 연속이다. 그러다 그들은 조금씩 서로에게 마음을 열고, 서로의 일상을 공유한다. 그리고 보복공격과 테러의 한복판에서 서로의 안위를 걱정하는 일련의 과정이 숨죽이듯, 가슴 뜨끈하게 펼쳐진다. 그러나 우리가 할 수 있는 것이라고는, 그들이 갈망하는 평화라는 게 얼마나 힘겹고 요원한지를 절감하는 것뿐이다.

이 두 젊은이를 공포와 무력감으로 이끈 것 중 하나인 자살 폭탄 테러가 그들 또래 18세의 한 평범한 팔레스타인 학생에 의해 자행됐다면 이 흐트러진 비극의 역사를 우리는 어디에서부터 짚어 봐야 하는 걸까. 톰 웨이츠는 '로드 투 피스'에서 2003년 6월 11일 예루살렘에서 발생한 자살 폭탄 테러의 전말을 한 편의 소품처럼 엮어 내며 담담하게 노래한다. 팔레스타인의 평범한 소년이 왜 자살 폭탄 테러를 단행해야만 하는지에 대한 비통함을 특유의 냉소적인 어법으로 토로하고 있다.

우리도 길을 잃고, 신도 길을 잃었네

아브델 마디 샤브네흐라는 18세의 팔레스타인 소년은 유대교도 복장을 하고 예루살렘 시내를 지나는 14A번 버스에 올라탄다. 그리고 "신은 위대하고도 위대하다!"라는 마지막 말을 남기고 자신의 몸에 달린 폭탄을 점화한다. 그날 그 자리에서 아브델을 포함하여 17명이 사망했다. 그는 9형제 중 막내였고, 밤늦게는 집 밖으로 나가 본 적 없는 아이였다. 그날도 어머니에게는 시험을 치르러 간다며 나갔지만, 그것이 마지막이었다. 그의 테러공격 다음 날인 6월 12일, 이스라엘은 즉각 보복조치에 들어간다. 헬기 4대를 출동시켜 하마스 지도자 야시르 타하와 그의 아내, 그리고 세 살배기 딸이 타고 있던 승용차를 공격해 전소시킨다. 그 후, 다시 팔레스타인의 반격과 이스라엘의 맞대응이 이어지면서 무려 천여 명의 사상자가 발생한다. 물론 사상자의 대부분은 민간인이었다.

톰 웨이츠는 이 노래에서 중동 분쟁에 팔짱 끼고 관전만 하는 당시 부시 대통령을 맹비난한다. "우리의 대통령은 영웅이 되기만을 바라지. 재선에 목이 말라 있거든. 부시는 정치적 실패가 두려워 미래의 위험을 감수하려 하지 않을 테니까. 그는 그저 책상에서 체스를 두며 언론 앞에서 포즈나 취하지." 그는 팔레스타인과 이스라엘 역시 서로 예루살렘이 '자기네 땅'이라고 우기는 동안, "자신들의 아이들을 증오로 가득 채워 늙은이들의 전쟁터로 내몰고 죽게" 한다고 노래한다. 누구도 그들을 멈추게 할 수 없다면서 말이다. 그리고 묻는다. 왜 그들은 막강한 화력을 자랑하는 이스라엘에 폭탄 하나 몸에 걸치고 투항해야만 하는가, 그리고 "신이 위대하다면, 신이 전지전능하다면" 왜 양쪽 모두를 죽이는 근본주의자들, 더 나아가 인간의 마음을 바꿀 수 없는지 말이다. 그리고 그는 냉소한다. "아마 신도 길을 잃고 도움을 기다리는지 몰라. 아마 신은 우리 모두의 도움이 필요한지 몰라. 아마 신도 길을 잃고 도움이 필요한지 몰라. 그는 평화의 길 바깥에서 헤매는지 몰라."

저들의 비극을 눈 뜨고 바라만 봐야 한다면, 그리고 그것이 최선이라면, "신도 길을 잃고 우리의 도움이 필요한 것인지 모른다."라는 그의 냉소는 당분간 유효할 것 같다.

참고문헌

김숙현, 「로버트 윌슨의 포스트모더니즘 연극 읽기」, 『우리연극』 제2
호, 1996.

뉴스위크 편집부, 『이것이 록이다』, 뉴스위크, 2006.

루드비그 헤르츠베리 편저, 오세인 옮김, 『짐 자무시』, 마음산책,
2007.

발레리 제나티, 이선주 옮김, 『가자에 띄운 편지』, 낭기열라, 2006.

베버, 『마탄의 사수』, 아테나, 2003.

엘리자베스 길버트, 쥐가죽은밤 옮김, 「머리칼에 불붙은 듯 연주해」,
『GQ(USA)』, 2002년 5월.

윌리엄 버로스, 『벌거벗은 점심』, 월간에세이, 1992.

이상원, 「로버트 윌슨의 '해변의 아인쉬타인'에 나타난 이미지연극」,
『언론정보학연구 1』, 1999. 5.

잭 케루악, 이만식 옮김, 『길 위에서 1, 2』, 민음사, 2009.

팬클럽위대한탄생 편, 『조용필 The History』, 2003.

'저작권 분쟁…… 유명가수 對 음반사/ 문인들 對 출판사', 「동아일
보」, 2000.2.8.

Barney Hoskyns, *Lowside of the Road: A Life of Tom Waits*,
Broadway, 2009.

Jay Jacobs, *Wild Years: The Music and Myth of Tom Waits*,
ECW, 2000.

Mac Montaondon, *Innocent When You Dream: The Tom
Waits Reader*, Thunder's Mouth Press, 2005.

MOJO, No.200, July, 2010.

Patrick Humphries, *The Many Lives of Tom Waits*,
Omnibus Press, 2007.

웹 사 이 트

www.tomwaitslibrary.com
www.cincinnati.com/tallstacks/fun_facts.html
www.laweekly.com/2009-10-01/la-vida/best-of-l-a-places
www.robertwilson.com/about/biography
www.spinner.com/2010/10/13/scary-voices/?ncid=webmail
www.steamboats.org/whistle-calliope/ecaliope/delta-
  queen-calliope-4.html
www.troubadour.com
"Calliope Music", Wikipedia.org
"Einstein on the Beach" Wikipedia.org
"Las Vegas Weddings", Wikipedia.org
"Marriage License", Wikipedia.org
"On The Road#Influence", Wikipedia.org
"Troubadour Nightclub", Wikipedia.org
"Wedding Chapel", Wikipedia.org

톰 웨이츠 고독을 탐닉한 목소리

펴낸날	초판 1쇄 2010년 12월 10일
	초판 2쇄 2015년 6월 4일

지은이	**신주현**
펴낸이	**심만수**
펴낸곳	(주)살림출판사
출판등록	1989년 11월 1일 제9-210호

주소	경기도 파주시 광인사길 30
전화	031-955-1350 팩스 031-624-1356
기획 · 편집	031-955-1365
홈페이지	http://www.sallimbooks.com
이메일	book@sallimbooks.com

ISBN	978-89-522-1525-3 04080

126 초끈이론 아인슈타인의 꿈을 찾아서   `eBook`

박재모(포항공대 물리학과 교수)·현승준(연세대 물리학과 교수)

빠르게 발전하고 있는 초끈이론을 일반대중이 이해할 수 있도록 쉽게 풀어쓴 책. 중력을 성공적으로 양자화하고 모든 종류의 입자와 그들 간의 상호작용을 포함하는 모형으로 각광받고 있는 초끈이론을 설명한다. 초끈이론을 이해하기 위해 필요한 양자역학이나 일반상대론 등 현대물리학의 제 분야에 대해서도 알기 쉽게 소개한다.

125 나노 미시세계가 거시세계를 바꾼다   `eBook`

이영희(성균관대 물리학과 교수)

박테리아 크기의 1000분의 1에 해당하는 크기인 '나노'가 인간 세계를 어떻게 바꿔 놓을 것인지에 대한 해답을 제시하는 책. 나노기술이란 무엇이고 나노크기의 재료들은 어떻게 만들어지는가, 나노크기의 재료들을 어떻게 조작해 새로운 기술들을 이끌어내는가, 조작을 통해 어떤 기술들을 실현하는가를 다양한 예를 통해 소개한다.

448 파이온에서 힉스 입자까지   `eBook`

이강영(경상대 물리교육과 교수)

누구나 한번쯤 '우주는 어디에서 시작됐을까?' '물질의 근본은 어디일까?'와 같은 의문을 품어본 적은 있을 것이다. 물질과 에너지의 궁극적 본질에 다가서면 다가설수록 우주의 근원을 이해하는 일도 쉬워진다고 한다. 이 책은 바로 이러한 질문들의 해답을 찾기 위해 애쓰는 물리학자들의 긴 여정을 담고 있다.

035 법의학의 세계   `eBook`

이윤성(서울대 법의학과 교수)

최근 드라마나 영화를 통해 일반인의 호기심을 자극하고 있지만 거의 알려지지 않은 법의학을 소개한 책. 법의학의 여러 분야에 대한 소개, 부검의 필요성과 절차, 사망의 원인과 종류, 사망시각 추정과 신원확인, 교통사고와 질식사 그리고 익사와 관련된 흥미로운 사건들을 통해 법의학에 대한 이해를 돕는다.

395 적정기술이란 무엇인가　eBook

김정태(적정기술재단 사무국장)

적정기술은 빈곤과 질병으로부터 싸우고 있는 전 세계의 사람들에게 희망을 안겨주는 따뜻한 기술이다. 이 책에서는 적정기술이 탄생하게 된 배경과 함께 적정기술의 역사, 정의, 개척자들을 소개함으로써 적정기술에 대한 기본적인 이해를 돕고 있다. 소외된 90%를 위한 기술을 통해 독자들은 세상을 바꾸는 작지만 강한 힘이란 무엇인가에 대해서 알 수 있을 것이다.

022 인체의 신비

이성주(코리아메디케어 대표)

내 자신이었으면서도 여전히 낯설었던 몸에 대한 지식을 문학, 사회학, 예술사, 철학 등을 접목시켜 이야기해 주는 책. 몸과 마음의 신비, 배에서 나는 '꼬르륵' 소리의 비밀, '키스'가 건강에 이로운 이유, 인간은 왜 언제든 '사랑'할 수 있는가에 대한 여러 학설 등 일상에서 일어나는 수수께끼를 명쾌하게 풀어 준다.

036 양자 컴퓨터　eBook

이순칠(한국과학기술원 물리학과 교수)

21세기 인류 문명에서 가장 중요한 요소 중의 하나로 꼽히는 양자 컴퓨터의 과학적 원리와 그 응용의 효과를 소개한 책. 물리학과 전산학 등 다양한 학문적 성과의 총합인 양자 컴퓨터에 대한 이해를 통해 미래사회의 발전상을 가늠하게 해준다. 저자는 어려운 전문어가 아니라 일반 대중도 이해가 가능하도록 양자학을 쉽게 설명하고 있다.

214 미생물의 세계　eBook

이재열(경북대 생명공학부 교수)

미생물의 종류 및 미생물과 관련하여 우리 생활에서 마주칠 수 있는 여러 현상들에 대해, 알기 쉽게 풀어 설명한다. 책을 읽어나가며 독자들은 미생물들이 나름대로 형성한 그들의 세계가 인간의 그것과 다름이 없음을, 미생물도 결국은 생물이고 우리와 공생하고 있다는 사실을 알 수 있을 것이다.